Amandine Barthés

Les grandes vies

Huit personnages francophones qui ont laissé une trace

Illustrations de **Fausto Bianchi**

Member of CISQ Federation

CERTIFIED MANAGEMENT SYSTEM
ISO 9001

The design, production and distribution of educational materials for the CIDEB (Black Cat) brand are managed in compliance with the rules of Quality Management System which fulfils the requirements of the standard ISO 9001

Secrétariat d'édition : Cecilia Vignuzzi, Chiara Blau
Rédaction : Manuela Antoniazzi
Conception graphique : Daniele Pagliari, Silvia Bassi
Mise en page : Annalisa Possenti
Recherche iconographique : Alice Graziotin

Direction artistique : Nadia Maestri

Première édition : Janvier 2021

DEALINK, DEAFLIX sont des marques concédées sous licence par De Agostini SpA

Crédits photographiques : Shutterstock; iStockPhoto; Adobe Stock; Photo12/Universal Images Group via Getty Images: 10; © Hulton-Deutsch Collection/CORBIS/Corbis via Getty Images: 16; Keystone-France/Gamma-Keystone via Getty Images: 22; Bettmann / Getty Images: 28, 34; Evening Standard/Hulton Archive/Getty Images: 40; Vincent FOURNIER/Gamma-Rapho via Getty Images: 46; Vittorio Zunino Celotto/Getty Images for Lancia: 52; Imagno/Getty Images: 59; Eagle2308/iStockphoto:74(3); Mondadori Portfolio/©Amazon/Courtesy Everett Collection: 88; Hemis / Alamy Foto Stock: 89.

Pour toute suggestion ou information, la rédaction peut être contactée à l'adresse suivante :

info@blackcat-cideb.com
blackcat-cideb.com

Imprimé en Italie par Litoprint, Gênes.

Sommaire

n. piste LE TEXTE EST ENTIÈREMENT ENREGISTRÉ.

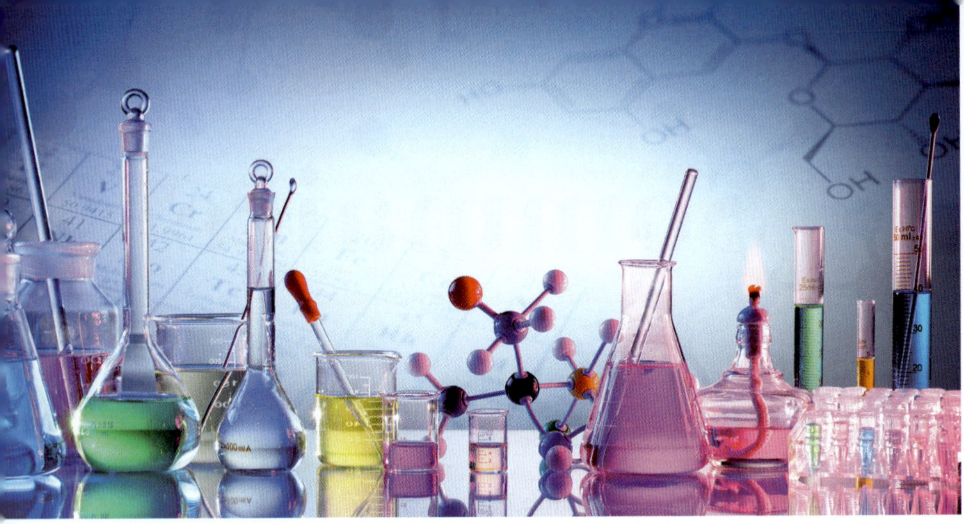

Les progrès de la recherche scientifique.

Suivre les traces

Qui n'a jamais rêvé de suivre les traces de personnages hors du commun ? De devenir comme eux, de faire des choses importantes, de suivre sa propre passion, d'exprimer toute sa créativité, de laisser libre cours[1] à son talent ? Qui dans la vie de tous les jours n'est pas poussé, motivé ou tout simplement inspiré par une personnalité ?

Le monde francophone abonde de noms mythiques qui ont laissé leur empreinte dans l'imaginaire collectif. Il est impossible de tous les citer, c'est pourquoi une sélection a été faite. Mais le choix des personnages présentés n'est pas anodin[2]. D'une part, nous avons choisi de présenter des personnages aussi bien français que francophones. La diversité est depuis toujours une grande force, c'est indéniable. D'autre part, les personnages présentés appartiennent à des époques différentes. Les passions n'ont pas d'âge et toutes nous parlent. Mais le fil rouge[3] qui unit ces personnages est le même : une émotion, une ambition et une forte volonté.

1. **laisser libre cours :** laisser aller sans retenue.
2. **anodin :** banal, sans importance.
3. **le fil rouge :** l'idée directrice.

▸ Les effets spéciaux au cinéma.

Entrons dans le détail des personnages présentés. Henri Dunant nous a fasciné par la force de son héritage. Qui de nos jours ne connait pas la Croix-Rouge ? Peu de personnes savent par contre que cette association humanitaire est née de la volonté d'un seul homme. Marie Curie est une scientifique très célèbre mais que sait-on vraiment sur l'importance de ses découvertes ? Nous adorons le cinéma, mais savons-nous pourquoi nous sommes redevables[4] au talent de Georges Méliès ? L'ailleurs nous attire, l'Asie nous fascine, mais qu'en est-il du quotidien d'une vraie

4. être redevable : avoir une dette envers quelqu'un.

▸ La créativité dans le monde de la mode.

▸ Le sport, un formidable moyen d'intégration, un outil de lutte contre le racisme.

exploratrice de ce continent comme Alexandra David-Néel ? Et la mer ? Tout ce que nous savons sur ce monde mystérieux, c'est grâce à Jacques-Yves Cousteau. Derrière la marque Chanel, découvrons comment la jeune Gabrielle, humble fille de campagne, est arrivée à créer un empire du luxe et de la mode. Voyons aussi comment un footballeur aussi célèbre que Lilian Thuram a souffert du racisme et a décidé de combattre ce problème. Et terminons enfin par l'histoire d'exil de Marjane Satrapi, une forte personnalité qui a su dépasser ses traumatismes pour vivre sa passion pour la bande dessinée (BD) loin de son pays.

1 Associe chaque personnage à sa passion.

1. ☐ Henri Dunant	**a** le football
2. ☐ Marie Curie	**b** le cinéma
3. ☐ Georges Méliès	**c** la mode
4. ☐ Alexandra David-Néel	**d** la mer
5. ☐ Jacques-Yves Cousteau	**e** les sciences
6. ☐ Gabrielle Chanel	**f** la BD
7. ☐ Lilian Thuram	**g** l'Asie
8. ☐ Marjane Satrapi	**h** l'humanitaire

Personnages

Henri Dunant

Marie Curie

Georges Méliès

Alexandra David-Néel

Jacques-Yves Cousteau

Gabrielle Chanel

Lilian Thuram

Marjane Satrapi

AVANT DE LIRE

1 Associe chaque mot à l'image correspondante.

- **a** un brassard
- **b** une radiographie
- **c** la prestidigitation
- **d** un mendiant
- **e** la plongée
- **f** un parfum
- **g** une cité
- **h** un voile

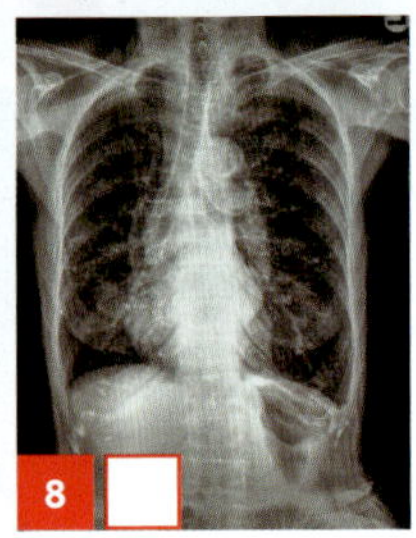

2 Associe chaque profession à sa définition.

1. ☐ un homme d'affaires / une femme d'affaires
2. ☐ un explorateur / une exploratrice
3. ☐ un(e) océanographe
4. ☐ un couturier / une couturière
5. ☐ un footballeur / une footballeuse
6. ☐ un(e) bédéiste
7. ☐ un(e) cinéaste
8. ☐ un(e) scientifique

- **a** une personne qui étudie les mers et les océans
- **b** une personne qui fait des films
- **c** une personne spécialisée dans une ou plusieurs sciences
- **d** une personne qui dirige une maison de mode et crée des modèles
- **e** une personne qui administre des sociétés commerciales
- **f** une personne qui va à la découverte d'un pays inconnu
- **g** une personne qui joue au football
- **h** une personne qui raconte des histoires sous forme de BD

3 Complète les phrases suivantes avec les professions de l'exercice 2.

1. Henri Dunant est l'............................ qui a fondé la Croix-Rouge.
2. Marie Curie est la seule femme .... à avoir reçu deux prix Nobel.
3. Le .... Georges Méliès est considéré comme l'un des pionniers du cinéma.
4. L'............................ Alexandra David-Néel est la première étrangère à entrer dans Lhassa, la capitale interdite du Tibet.
5. Jacques-Yves Cousteau est un .... qui s'est consacré à l'étude des océans et de toutes les formes de la vie aquatique.
6. La .... Gabrielle Chanel a révolutionné la mode féminine du XXe siècle.
7. Lilian Thuram a fait une carrière internationale de .... professionnel.
8. Marjane Satrapi est une .... de talent, ses BD sont toujours un succès.

Henri Dunant

Le fondateur de la Croix-Rouge

piste 02

Le 24 juin 1859, Henri Dunant, un homme d'affaires de Genève, arrive à Castiglione delle Stiviere, dans le Nord de l'Italie, pour rencontrer l'empereur Napoléon III. Dunant dirige la colonie suisse de Sétif, en Algérie, et ses affaires nécessitent l'aide de l'empereur. Ce dernier est en guerre dans la région contre les Autrichiens. Mais Henri Dunant arrive au mauvais moment : ce jour-là a eu lieu la bataille de Solférino, tout près de là. Il n'arrive bien sûr pas à voir l'empereur et il est témoin d'une des plus dures batailles de l'histoire européenne. Le soir même de son arrivée à Castiglione, des milliers de soldats blessés arrivent d'urgence au village pour être soignés. Les services sanitaires des armées ne sont pas suffisants et le volontariat[1] local s'organise. On installe les blessés à l'église, dans les édifices publics ou chez les habitants. Les secours sont improvisés par la population civile. Les femmes les premières secourent tous les soldats, sans faire de distinction de nationalité. Elles aident l'ennemi et risquent pour cela la peine de mort. Elles font des pansements avec ce qu'elles ont de plus précieux : les

1. **le volontariat :** la libre participation à une action, par simple dévouement.

draps qu'elles ont reçus dans leur trousseau de dot[2]. Henri Dunant est troublé par ce qu'il voit dans le village.

Le lendemain, il se rend sur le champ de bataille à Solférino. C'est là qu'il découvre l'horreur. Des milliers de blessés sont abandonnés par terre, dans la boue, au milieu des cadavres. Certains appellent au secours, d'autres implorent[3] la mort. Choqué par ce massacre, il oublie ses affaires algériennes et décide lui aussi d'apporter son aide au village. Très impliqué, il soigne lui-même les soldats pendant de longues semaines et fait arriver du matériel à ses frais[4]. Comme les habitants, il ne fait aucune distinction entre les hommes. Dans la misère et la souffrance, ils sont « tous frères », peu importe leur camp. Cette idée de neutralité des secours sanitaires fait son chemin dans sa tête.

De retour à Genève, il est incapable de reprendre une vie normale. Ses souvenirs sont terribles et son choc est profond. Il décide alors d'écrire un livre pour raconter son expérience. Son but est d'émouvoir l'opinion et de faire bouger les choses. Il veut créer une organisation pour soigner les blessés en temps de guerre mais aussi faire valoir[5] le principe de neutralité des secours. Son livre *Un souvenir de Solférino*, publié en 1862, éveille les consciences et fait le tour des gouvernements d'Europe.

Fort de son audience[6], Henri Dunant veut mettre en pratique ses idées. Avec quatre amis genevois, il crée le 17 juillet 1863 une organisation internationale neutre destinée à secourir les victimes de guerre : le Comité International de la Croix-Rouge (CICR). Ensuite, il convoque les représentants des gouvernements européens à une conférence diplomatique pour leur faire adopter

2. le trousseau de dot : le linge de maison que l'on donne à une femme quand elle se marie.
3. implorer : demander avec insistance, supplier.
4. à ses frais : en payant lui-même.
5. faire valoir : donner de l'importance.
6. l'audience : l'intérêt porté par le public à une personne ou une action.

ses propositions. C'est ainsi qu'est signée, le 22 août 1864, la première Convention de Genève. Cet accord historique donne naissance à « un espace humanitaire neutre sur les champs de bataille ». Malheureusement, les affaires algériennes de Dunant vont mal et il se retrouve complètement ruiné en 1867. Pour ne pas compromettre la réputation du Comité à cause de ses affaires, il est prié d'abandonner ses activités à la Croix-Rouge. Profondément déçu, il disparait complètement de la scène publique. Mais cela n'empêche pas l'action du Comité d'avancer.

À partir de 1872, chaque pays a sa propre société de la Croix-Rouge pour aider les services sanitaires des armées. Les équipes médicales de la Croix-Rouge sont neutres et soignent les blessés de guerre de chaque camp. Ils portent au bras gauche un brassard blanc à croix rouge comme signe distinctif. Ils sont ainsi reconnus et travaillent en sécurité.

Henri Dunant, oublié par tous, passe les dernières années de sa vie dans un hospice. Il est enfin pardonné en 1901 lorsqu'il reçoit le prix Nobel de la paix, neuf ans avant sa mort. Il laisse derrière lui la plus grande organisation humanitaire du monde, la Croix-Rouge, qui existe depuis maintenant plus de cent cinquante ans. Elle a depuis développé d'autres activités et a inspiré la plupart des organisations humanitaires. Mais surtout, aujourd'hui, l'exemple d'Henri Dunant est suivi par des millions de volontaires du monde entier qui aident leur prochain.

RÉFLEXION

1 **Quels sont les sentiments éprouvés par Henri Dunant à Solférino ? Au besoin, tu peux te servir d'un dictionnaire.**

....

....

2 **Pourquoi peut-on dire que l'empathie, cette capacité à ressentir les émotions de quelqu'un d'autre, est à la base de l'engagement humanitaire d'Henri Dunant ?**

....

....

Après la lecture • page 66
Valeurs et sentiments • page 94

"Il faut croire que l'on est doué pour quelque chose, et que, cette chose, il faut l'atteindre coute que coute[1]."

Marie Curie

Une femme de science

piste 03

La Grande Guerre vient de se terminer et la vie à Paris reprend doucement. Comme tous les matins, avant de commencer son travail au laboratoire, Marie passe du temps dans son jardin. Elle aime s'occuper de ses fleurs et se perdre dans ses pensées. Les chercheurs et les étudiants arrivent un à un à l'Institut du Radium et saluent Madame Curie. Il faut dire qu'elle est très célèbre, en France comme à l'étranger. C'est un honneur de travailler et d'apprendre à ses côtés. Voilà presque trente ans qu'elle dédie sa vie à la science, et en particulier à l'étude du radium. Elle a parcouru beaucoup de chemin depuis sa jeunesse à Varsovie !

Elle a vingt-quatre ans quand elle arrive à Paris en 1891 pour étudier les sciences, sa passion. Elle s'appelle encore Marie Sklodowska et elle est polonaise. Inscrite à l'université de la Sorbonne[2], c'est une étudiante modèle. Elle consacre tout son temps aux sciences physiques et aux mathématiques. Ses professeurs sont impressionnés par ses résultats et par son aisance[3] en laboratoire.

1. **coute que coute :** à n'importe quel prix.
2. **l'université de la Sorbonne :** une très prestigieuse université de Paris.
3. **l'aisance :** la facilité.

Pendant ses recherches scientifiques, elle fait la connaissance de Pierre Curie, un physicien connu pour ses travaux. Leur rencontre est déterminante. Ils s'entendent très bien et tombent amoureux. En juillet 1895, elle se marie avec lui et devient Marie Curie. Ensemble, ils continuent leurs activités : Pierre enseigne et Marie prolonge ses études. Pour son doctorat, elle s'intéresse aux rayons uraniques découverts par Henri Becquerel[4]. Ces rayonnements

4. **Henri Becquerel :** ce physicien français découvre en 1897 que l'uranium émet un rayonnement, mais sa découverte n'intéresse pas beaucoup le monde scientifique.

mystérieux, qu'elle appelle « radioactivité », l'intriguent. Après de longs mois de recherche en laboratoire, elle découvre un élément inconnu qui émet un rayonnement encore plus puissant que l'uranium. Excité par cette découverte, Pierre décide d'aider Marie dans ses recherches. En juillet 1898, ils identifient l'élément inconnu et l'appellent « polonium », en hommage au pays de Marie. Quelques mois plus tard, ils identifient un nouvel élément encore plus radioactif : le « radium ». Pendant quatre ans, ils traitent des tonnes de minerai[5] pour pouvoir extraire du radium pur. C'est un travail très fatigant et les effets négatifs de la radioactivité ne sont pas encore connus. Mais les Curie sont passionnés par cette tâche et Marie dit à ce sujet : « Nous vivons comme dans un rêve ». En juin 1902, ils obtiennent finalement un décigramme de radium pur. C'est officiel : le radium existe ! Cette découverte est capitale et le monde scientifique ne met pas longtemps à la reconnaitre. En 1903, les Curie reçoivent le prix Nobel de physique pour leurs recherches sur la radioactivité. Marie est la première femme à recevoir ce prestigieux prix. Les journaux du monde entier s'intéressent à ce couple de scientifiques, mais Marie n'aime pas la popularité. Elle préfère investir la belle somme d'argent qui accompagne le prix Nobel dans un nouveau laboratoire et se consacrer aux applications de ses découvertes à des fins médicales. En effet, le radium aide à soigner les tumeurs. Il brule les tissus cancéreux mais laisse repousser la peau saine.

La vie de Marie est complètement bouleversée en 1906. Pierre meurt dans un tragique accident de la route. Veuve[6], seule avec ses deux filles, elle fait face à sa grande tristesse et se réfugie dans le travail. Elle continue ses recherches sur les propriétés chimiques des différents radioéléments, et reprend aussi le poste

5. un minerai : une roche qui contient des substances qu'on peut extraire.
6. une veuve : une femme dont le mari est mort.

de professeur de physique de Pierre : elle est la première femme professeure d'université en France. En 1911, elle reçoit un second prix Nobel, de chimie cette fois, pour ses travaux sur le radium et le polonium. Marie est la première personne, et toujours l'unique femme, à avoir reçu deux prix Nobel. Le monde entier célèbre son génie scientifique et l'excellence de ses travaux sur la radioactivité.

Bientôt, l'Institut du Radium va ouvrir ses portes. Elle et Pierre ont tant rêvé d'un grand laboratoire, adapté à leurs travaux sur la radioactivité ! Grâce à des financements, leur rêve va enfin devenir réalité. Fin juillet 1914, tout est prêt pour l'inauguration de ce grand centre de recherches. Malheureusement, la Première Guerre mondiale change les projets de Marie. Tous ses collaborateurs sont appelés à combattre. Son tout nouveau laboratoire est désert et ses recherches scientifiques sont arrêtées. Comme beaucoup, Marie souhaite se rendre utile en temps de guerre. Elle utilise donc ses découvertes pour soigner les blessés. Avec sa fille Irène, elle se rend sur le front[7] à bord de voitures équipées d'un appareil

7. le front : l'avant d'une zone de combat.

radiologique pour faire des radiographies aux blessés et ainsi aider les chirurgiens.

Après la guerre, Marie retourne à Paris et reprend l'aménagement[8] de son laboratoire. L'activité de l'Institut du Radium peut enfin commencer. Entourée d'une belle équipe de chercheurs, elle commence de nouvelles expériences dans le « pavillon Curie ». L'Institut du Radium ne tarde pas[9] à devenir un centre de référence de l'étude de la radioactivité. Conférencière de prestige, Marie voyage aussi dans de nombreux pays et encourage la recherche scientifique. Elle récolte également des fonds, notamment aux États-Unis, pour aider les médecins à traiter les malades de cancer. En 1934, elle meurt à 67 ans d'une leucémie, due à sa surexposition au radium. Pionnière de la radioactivité, Marie Curie est une figure universelle de la science qui continue encore aujourd'hui à faire naitre des vocations scientifiques.

---

8. l'aménagement : l'organisation dans un but précis.
9. ne pas tarder : ne pas mettre longtemps.

RÉFLEXION

1 Trouve la situation où Marie doit :

a persévérer dans une tâche : ....

b résister à une pression extérieure : ....

c faire face à une perte : ....

d renoncer à un projet : ....

e adapter ses compétences à une nouvelle situation : ....

Après la lecture • page 68
Valeurs et sentiments • page 94

Georges Méliès

Le magicien du cinéma

piste 04

Pendant un congrès d'astronomie, le professeur Barbenfouillis annonce son projet de voyage dans la Lune. Par la suite, il fait visiter à ses collègues son atelier. Il prépare un obus spatial qui va être envoyé sur la Lune avec un grand canon. Le jour venu, le professeur Barbenfouillis et cinq autres astronomes embarquent. Le lancement de l'obus se passe bien et les scientifiques arrivent sur la Lune. Ils découvrent le paysage lunaire et assistent émerveillés à un lever de Terre[1]. Une tempête de neige les oblige à se réfugier dans un étrange cratère lunaire, plein de champignons géants. Mais voilà qu'arrivent les Sélénites, les habitants de la Lune, qui font prisonniers les scientifiques. Après une bagarre, les scientifiques s'échappent et reviennent à leur obus spatial. Poursuivis par les Sélénites, ils arrivent à rentrer vers la Terre. Mais un Sélénite reste accroché à l'obus… De retour sur la Terre, les scientifiques sont accueillis en héros et on organise une grande fête pour célébrer leur exploit et montrer le Sélénite prisonnier.

1. **un lever de Terre :** on a l'habitude d'admirer le lever du Soleil ; ici on entend le lever de la Terre vu de la Lune.

Georges Méliès

Voilà le résumé du premier film de science-fiction de l'histoire du cinéma. *Le voyage dans la Lune* est un court-métrage muet[2], en noir et blanc, réalisé en 1902. Le cinéma existe depuis à peine sept ans et ce film de quelques minutes est un exploit pour l'époque ! Il est écrit, réalisé et produit par Georges Méliès, un des pionniers des premiers temps du cinéma.

---

2. muet : sans paroles.

Né en 1861 à Paris dans une famille de riches industriels, il n'est pas intéressé par l'entreprise familiale et il part à Londres pour apprendre l'anglais et travailler. C'est là qu'il découvre l'art de la prestidigitation. De retour en France, en 1888 il achète un théâtre et y présente des spectacles de magie. En 1895, invité à la première projection cinématographique des frères Lumière, il est enthousiasmé par cette nouvelle technique. Mais les Lumière refusent de lui vendre leur appareil cinématographique. Méliès achète alors un appareil semblable à Londres et le perfectionne. Il réalise ses premiers films, ouvre sa propre maison de production ainsi que son studio de cinéma.

Pour l'histoire du film *Le voyage dans la Lune*, il s'inspire certes des livres de Jules Verne[3] et d'H.G. Wells[4], mais c'est son inventivité qui fait la différence. C'est lui le premier à considérer le cinéma comme un spectacle, comme une œuvre de pur divertissement. Il comprend vite que le cinéma peut servir à autre chose qu'à montrer la réalité et invente de petites scènes de fiction. Très inspiré, il emmène le spectateur dans son monde imaginaire et fait du cinéma un art où se mélangent le fantastique et la poésie.

Mais il faut surtout considérer son côté innovateur. Rappelons que les débuts du cinéma sont simples. C'est Méliès qui invente de nouvelles techniques pour réaliser et monter les scènes d'un film de manière plus créative. Tout d'abord, pour éviter les problèmes liés à la météo, il crée en 1897 le tout premier studio de

---

3. **Jules Verne :** écrivain français célèbre pour ses romans d'aventures et d'anticipation, notamment *De la Terre à la Lune*, publié en 1865.
4. **H.G. Wells :** écrivain britannique célèbre pour ses romans de science-fiction, surtout *Les premiers hommes dans la Lune*, publié en 1895.

cinéma. Fort de son expérience théâtrale, il réalise lui-même les décors, s'occupe des costumes, du maquillage et des accessoires. Il installe aussi des appareils pour soulever ou déplacer des éléments de décor, des objets ou des personnages. Lui le premier écrit la trame de ses films et dessine les plans principaux. Enfin, grâce à son passé de magicien, il fait du trucage[5] sa spécialité et crée les premiers effets spéciaux de l'histoire du cinéma. Par exemple, il réalise la disparition ou l'apparition d'un personnage par arrêt de la caméra[6]. Il invente aussi la technique du fondu[7] pour passer rapidement d'un plan à l'autre, comme par magie, ou pour transformer graduellement des personnages ou des décors. Il se sert aussi de la technique de la surimpression[8], déjà connue en photographie, pour faire apparaitre des fantômes ou bien pour filmer des pensées. Et bien sûr, il joue avec la caméra et la déplace pour donner l'impression de grossissement[9] ou au contraire de

5. un trucage : un procédé audiovisuel pour créer une illusion.

6. l'arrêt de la caméra : un trucage qui consiste à stopper un tournage, le temps de changer la position des acteurs ou du décor, puis de reprendre le tournage.

7. le fondu : un effet de liaison progressive d'une image à l'autre.

8. la surimpression : un trucage qui permet d'obtenir une seule image constituée d'une superposition de deux images.

9. un grossissement : le fait de devenir plus gros.

rapetissement[10]. Comme dans ses tours de magie, il trompe l'œil du spectateur à travers celui de la caméra. Mais produire de telles illusions demande à Méliès beaucoup de précision, de nombreuses répétitions et une grande expérience.

Le voyage dans la Lune est un succès mondial. Mais Méliès est vite dépassé par la concurrence américaine et ses presque 600 films tombent dans l'oubli pendant plusieurs années. Complètement ruiné, il devient vendeur de bonbons et de jouets dans une petite boutique de la gare Montparnasse. C'est là qu'un journaliste le retrouve et le fait sortir de l'oubli vers la fin de sa vie. Son travail de cinéaste est redécouvert par la presse et il reçoit la croix de la Légion d'honneur[11] en 1931, des mains de Louis Lumière. Il meurt en 1938.

Aujourd'hui, à l'ère du numérique, les techniques de Méliès ne sont plus utilisées dans le cinéma moderne, mais ses principes de base sont toujours au centre de la création des effets spéciaux, comme l'utilisation des éléments imaginaires ou la composition de plusieurs images pour n'en faire qu'une seule.

10. un rapetissement : le fait de devenir plus petit.
11. la croix de la Légion d'honneur : un prix prestigieux français.

RÉFLEXION

1 **« Très inspiré, il emmène le spectateur dans son monde imaginaire et fait du cinéma un art où se mélangent le fantastique et la poésie. » Choisis dans la liste les traits de caractère de Georges Méliès que l'on peut déduire de cette phrase.**

dépressif imaginatif rêveur passionné réaliste triste créatif inflexible

2 **Pourquoi peut-on affirmer que Georges Méliès est une personne créative ? Toi aussi tu es quelqu'un de créatif ? Pourquoi ?**

Après la lecture • page 70
Valeurs et sentiments • page 94

Alexandra David-Néel

Une aventure extraordinaire

> *À l'origine de toute connaissance, nous rencontrons la curiosité.*

Chine, 1923

piste 05

Voilà douze ans que l'exploratrice Alexandra David-Néel est en voyage en Orient. Chanteuse lyrique, elle a commencé à voyager autour du monde grâce à son métier. En 1911, à quarante-trois ans, elle transgresse[1] les règles établies par la société et part seule en Asie pour un grand voyage de formation. Fascinée par le continent asiatique, elle visite la Chine, l'Inde, le Népal, le Japon, la Corée et la Mongolie. Mais son rêve est le Tibet et surtout sa capitale, la mythique Lhassa, interdite aux étrangers. Alexandra s'est convertie[2] au bouddhisme très jeune, elle parle très bien le tibétain et connait parfaitement les modes de vie du Tibet. Au cours de son voyage, elle a même rencontré en Inde le dalaï-lama, le chef spirituel des bouddhistes tibétains. Mais le Tibet des années 20 est très fermé au monde moderne et aux étrangers. Le pays est isolé et sa géographie est presque inconnue. Il n'y a pas de routes, pas de voies ferrées, aucune indication. De plus, le Tibet est entouré par l'Himalaya, les plus hautes montagnes

1. **transgresser :** ne pas respecter.
2. **se convertir :** changer de religion.

du monde, ce qui rend son accès très difficile. Mais Alexandra est déterminée et rien ne peut arrêter son esprit d'aventure. Elle et son compagnon de voyage Yongden, un jeune moine tibétain, ont essayé trois fois d'entrer au Tibet, mais toutes leurs tentatives ont échoué[3], et ils ont toujours été repoussés.

En octobre 1923, Alexandra invente une ruse[4] : elle et Yongden se déguisent pour pouvoir entrer sans être reconnus. Yongden joue son propre rôle de pèlerin tibétain et Alexandra joue le rôle de sa vieille mère, déguisée en mendiante tibétaine. Pour cela, elle s'habille avec de vieux vêtements sales, elle se noircit les cheveux avec de l'encre de chine et elle se recouvre les mains et le visage d'un mélange de cendres et de cacao pour avoir la peau foncée comme les Tibétains. Ainsi déguisés, ils partent à pied vers le Tibet depuis la province du Yunnan en Chine. Pour arriver à Lhassa, un long voyage de 2000 kilomètres les attend.

Tibet, fin 1923

Alexandra et Yongden passent d'abord le col de Dokar, la frontière avec le Tibet interdit. Pendant des semaines, ils marchent de village en village. Ils mendient, disent des sermons et lisent des livres religieux aux gens. Ils font ça très bien et récoltent parfois quelques dons et de la nourriture. S'ils ne reçoivent rien, ils ne mangent pas, c'est aussi simple que ça. Grâce à sa connaissance du pays et de la langue tibétaine, Alexandra se mimétise complètement. Personne ne se doute qu'elle est étrangère. Cela lui permet de bien étudier la vie quotidienne des paysans tibétains. Dans les zones où ils ont peur d'être démasqués[5], ils voyagent de nuit et dorment le jour, cachés dans la nature. D'autres fois, ils ne prennent pas la route principale mais un chemin secondaire ou des vallées inconnues. Cela est un vrai

3. échouer : ne pas réussir.
4. une ruse : un procédé utilisé pour tromper.
5. démasquer : découvrir la réalité.

danger dans le Tibet de l'époque parce qu'il y a beaucoup de brigands[6] et plusieurs personnes ont déjà été assassinées. D'ailleurs, Alexandra et Yongden se retrouvent souvent dans des situations dangereuses. Ils traversent des rivières suspendus à une corde, passent des cols à plus de 5000 mètres d'altitude, marchent dans des tempêtes de neige. Le climat est très hostile en Himalaya et il peut neiger pendant des jours. Une fois, ils restent même bloqués pendant six jours dans une petite cabane que les pasteurs utilisent en été. À l'intérieur, ils trouvent une provision de bouses séchées[7] et font du feu pour se chauffer mais surtout pour faire fondre de la neige et avoir de l'eau. Après plusieurs jours passés sans manger, ils décident de faire bouillir un morceau de peau de leurs bottes pour ne pas mourir de faim.

28 janvier 1924

Après quatre mois de marche, Alexandra et Yongden arrivent à Lhassa. Maigres et très fatigués, ils entrent dans la ville avec les

6. un brigand : un homme malhonnête.
7. des bouses séchées : un combustible fait avec des excréments d'animaux.

autres pèlerins venus célébrer le Mönlam, la fête de la Grande Prière. Alexandra David-Néel est la première femme occidentale à entrer dans Lhassa. La voilà sur « la Terre des Dieux » ! Pendant deux mois, elle et Yongden visitent la ville sainte et les grands monastères, notamment le Potala, le célèbre palais du dalaï-lama. À son retour en France en 1925, après quatorze années passées en Orient, l'exploratrice est accueillie comme une vraie héroïne et son exploit fait la une[8] des journaux.

Elle raconte son aventure dans son livre *Voyage d'une Parisienne à Lhassa* et devient célèbre dans le monde entier. Reconnue comme une orientaliste experte, elle écrit de nombreux ouvrages sur la culture tibétaine et repart plusieurs fois en Asie. Elle passe ses dernières années dans sa maison de Digne-les-Bains en Haute-Provence. Infatigable exploratrice, elle demande un renouvellement de passeport à l'âge de 100 ans. Mais elle meurt le 8 septembre 1969 à près de cent et un ans.

8. la une : la première page des quotidiens.

RÉFLEXION

1 Coche les phrases qui montrent qu'Alexandra sait s'adapter à la culture d'autrui.

- **a** ☐ Elle a beaucoup voyagé.
- **b** ☐ Elle sait démander de l'argent.
- **c** ☐ Elle parle la langue du pays.
- **d** ☐ Elle supporte bien les mauvaises conditions climatiques.
- **e** ☐ Elle pratique la religion du pays.
- **f** ☐ Elle connait les modes de vie du pays.
- **g** ☐ Elle est capable de rester sans manger plusieurs jours.
- **h** ☐ Elle aime prendre des risques et se mettre en danger.

Après la lecture • page 72
Valeurs et sentiments • page 94

Jacques-Yves Cousteau

Le commandant de la Calypso

> *“Je suis un découvreur, mon but est d’émerveiller. On aime ce qui nous a émerveillé, et on protège ce que l’on aime.”*

piste 06

Avant lui, l’océan est un monde totalement inconnu et mystérieux. Lui, c’est Jacques-Yves Cousteau, dit le commandant Cousteau, l’explorateur qui a fait découvrir le monde marin au monde entier et qui a fait rêver des générations de petits et grands avec ses superbes images sous-marines.

Né en 1910 près de Bordeaux, il entre à l’école navale à vingt ans et devient officier de la Marine nationale française. En 1936, un ami lui prête des lunettes de plongée sous-marine : c’est une révélation. Fasciné par la beauté des fonds marins, il décide de consacrer sa vie à leur exploration. En 1949, il quitte la Marine et se spécialise en océanographie.

L’année suivante, il récupère la *Calypso*, un ancien bateau de guerre. Il le modifie et y ajoute des instruments de plongée et de recherche scientifique. Avec son équipage, il compte bien explorer les mers et étudier la vie sous-marine. Un an plus tard, le bateau fait ses premiers essais dans la mer Méditerranée. Près de Marseille, Cousteau et son équipe font des recherches

archéologiques sous-marines sur une épave[1] grecque du IIe siècle avant J.-C. Pendant quatre mois, ils effectuent 900 plongées, grâce au scaphandre autonome[2] inventé quelques années plus tôt, et remontent des centaines d'amphores antiques.

Après cette première expérience réussie, la *Calypso* est prête pour d'autres aventures scientifiques. Pour son premier voyage de découverte, Cousteau choisit les iles Farsan, en mer Rouge, jusqu'alors inexplorées. Il accueille à bord de la *Calypso* de nombreux spécialistes dans différents domaines scientifiques. Une fois sur place, l'observation de la vie sous-marine peut commencer. La *Calypso* est équipée d'un appareil photographique électronique qui prend des photos automatiquement toutes les trente secondes. Cela permet aux océanographes d'avoir des informations statistiques mais aussi de comprendre les mouvements inconnus de certains

---

1. **une épave :** un bateau abandonné en mer.
2. **le scaphandre autonome :** cet appareil permet de nager librement plusieurs heures sous l'eau. Il a été mis au point en 1943 par Jacques-Yves Cousteau et l'ingénieur Émile Gagnan. C'est une pièce essentielle de la plongée sous-marine moderne.

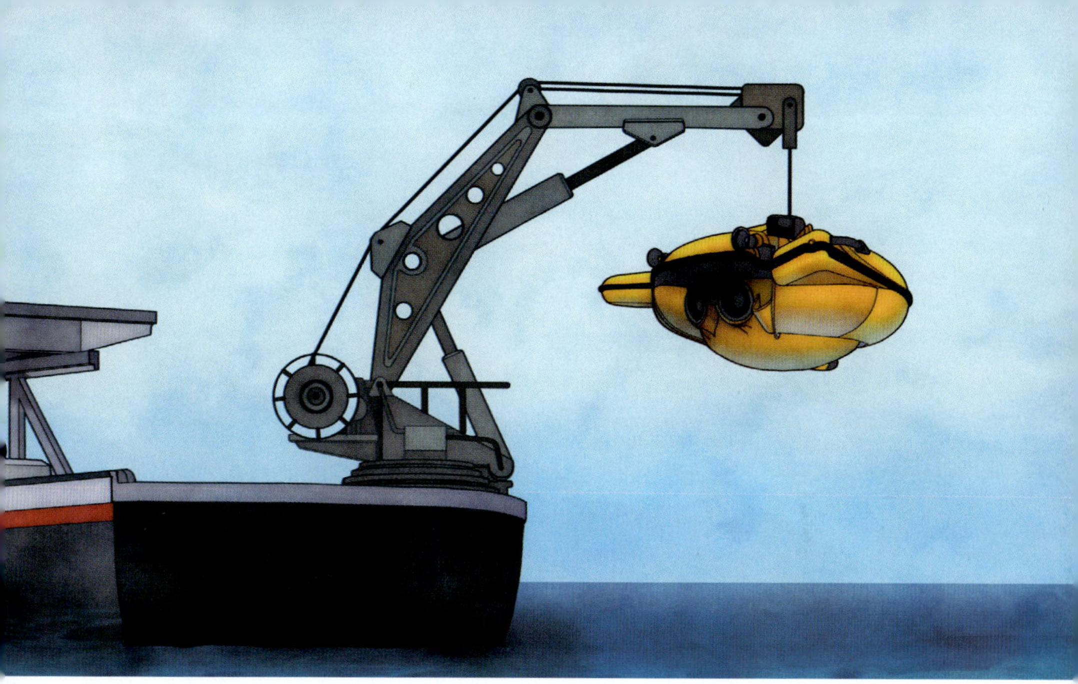

poissons. Avec des sondes à ultrasons[3], ils mesurent la profondeur de la mer et établissent ainsi la topographie sous-marine. Avec d'autres appareils, ils mesurent aussi la température des couches marines[4]. Tous les jours, les plongeurs vont au plus près des récifs de corail[5]. Ils prélèvent des échantillons et notent leurs observations. Au milieu des poissons colorés, ils assistent à des spectacles d'une rare beauté.

Cette première étude scientifique en mer dure deux mois. C'est la première d'une longue série. En effet, pendant plus de quarante ans, Cousteau multiplie les expéditions avec la *Calypso*. Petit à petit, son équipe se spécialise et toujours plus de scientifiques l'accompagnent pour faire avancer la recherche et la connaissance de la biologie marine. De même, l'équipe invente de nouveaux appareils. En 1959, Cousteau met au point la première soucoupe plongeante, un petit sous-marin jaune à deux places, qui peut descendre jusqu'à 350

3. **une sonde à ultrasons :** un appareil qui utilise l'écho des sons pour calculer la profondeur.
4. **les couches marines :** les océans ont une stratification verticale selon trois couches principales : les eaux de surface, la zone de transition, les eaux profondes.
5. **les récifs de corail :** de grands rochers naturels construits par des animaux, les coraux.

mètres de profondeur. Quelques années plus tard, il installe en Méditerranée un laboratoire flottant où des scientifiques observent et étudient le milieu marin de façon permanente.

Mais ce que l'on retient surtout du commandant Cousteau ce sont ses merveilleuses images sous-marines. Animé par sa formidable passion, il filme toutes ses explorations avec sa caméra. C'est ce matériel qui va le rendre mondialement connu. En effet, en 1955, la *Calypso* devient une star grâce à la diffusion du film documentaire *Le monde du silence*. Pour la première fois, le grand public découvre le monde sous-marin. C'est un succès. L'année suivante le film remporte même la Palme d'or au festival de Cannes et l'Oscar du meilleur film documentaire en 1957. Cousteau, qui dans ces années-là commence à porter son célèbre bonnet rouge, comprend vite le pouvoir des médias et crée alors un nouveau genre de communication scientifique au moyen de la télévision et du cinéma. C'est le début d'une longue série de films documentaires : plus de soixante-dix films pour la télévision et deux autres films pour le cinéma. Pour aider à la diffusion, la mise en scène de Cousteau s'éloigne souvent de la rigueur scientifique mais peu importe, parce que son objectif est avant tout d'émerveiller le grand public. Mission accomplie !

Mais son succès ne l'empêche pas de prendre progressivement conscience de la fragilité de l'écosystème marin et de l'impact des activités de l'homme. À partir des années 70, il se bat pour la préservation de la nature et des océans et se sert de sa popularité pour sensibiliser le public à l'écologie. Dans les années 90, avec Greenpeace, il lance notamment une pétition mondiale pour sauver le continent Antarctique, menacé par la pêche trop intense et l'exploitation minière. Cette mobilisation internationale termine avec la signature d'un traité historique qui rend le continent une « réserve consacrée à la paix et à la science ». La protection de l'Antarctique est un grand bel héritage du commandant Cousteau. Très médiatique, il est réélu personnalité préférée des Français pendant des années. À sa mort, en 1997, un très grand hommage lui est rendu dans le monde entier.

RÉFLEXION

1 Associe les phrases du chapitre à la bonne aptitude.

1 ☐ Cousteau fait des recherches archéologiques sous-marines avec son équipe.

2 ☐ Il accueille à bord de la *Calypso* de nombreux spécialistes dans différents domaines scientifiques.

3 ☐ Il se sert de sa popularité pour sensibiliser le public à l'écologie.

4 ☐ Il lance une pétition mondiale pour sauver l'Antarctique et obtenir la signature d'un traité de protection du continent.

a Capacité à influencer les autres.

b Travail d'équipe.

c Pouvoir de motiver autrui à prendre des décisions.

d Coopération.

Après la lecture • page 74
Valeurs et sentiments • page 94

Gabrielle Chanel

Une pionnière de la mode

piste 07

En 1910, grâce à un prêt financier, Gabrielle Chanel, dite Coco Chanel, ouvre une boutique de chapeaux au 21 rue Cambon à Paris, dans un élégant quartier, derrière la place Vendôme. Ses chapeaux, plus sobres que ceux de la mode de l'époque, plaisent aux femmes de la haute société et aux célèbres actrices. Une belle revanche pour une jeune couturière de vingt-sept ans qui provient d'une très pauvre famille de province.

Après ce premier succès, elle décide d'ouvrir trois ans plus tard une boutique à Deauville, une station balnéaire fréquentée par l'aristocratie. Sur le sable, les femmes portent les mêmes vêtements qu'en ville, ce qui n'est pas pratique. La mode est très contraignante[2] pour le corps des femmes. Gabrielle Chanel invente alors une mode plus sportive avec des vêtements confortables : blouses à col marin, pantalons[3] larges à taille haute, pyjamas de plage. Ses créations donnent plus de liberté de mouvement aux femmes et changent ainsi leur façon de vivre.

1. **fasse :** subjonctif du verbe *faire*.
2. **contraignant :** rigide, pas pratique.
3. **les pantalons :** à l'époque, les pantalons sont uniquement portés par les hommes.

Forte de sa nouvelle réputation, elle ouvre en 1915 sa première maison de couture à Biarritz, sur la côte Basque, où s'est réfugiée la vie mondaine pendant la Grande Guerre. Mais bientôt le tissu commence à manquer. Elle crée donc une ligne de vêtements en jersey, un tissu basique alors seulement utilisé pour les sous-vêtements masculins. Ses robes en jersey, amples et souples, sont un succès total.

À la fin de la guerre, en 1918, elle ouvre sa maison de couture au 31 rue Cambon. Dans cet hôtel particulier de quatre étages, elle installe ses appartements privés, sa boutique et son atelier. Elle emploie alors plus de 300 ouvrières. C'est là qu'elle révolutionne le monde de la mode. Elle lance le style garçonne[4] des années 20 : silhouette androgyne, cheveux courts, robes droites avec une ceinture basse sur les hanches. Ses créations font évoluer les mentalités et présentent une nouvelle féminité, moderne, indépendante et à égalité avec les hommes.

En 1921, elle souhaite commercialiser un parfum. Elle veut quelque chose d'unique et demande une composition au grand parfumeur Ernest Beaux. Il lui montre plusieurs échantillons, numérotés de 1 à 5 et de 20 à 24. Elle choisit l'échantillon numéro 5. C'est ainsi que nait le célèbre N° 5 de Chanel, le parfum le plus connu au monde. Gabrielle Chanel est la première créatrice de mode à lancer son parfum. Elle est aussi à l'origine du concept de la boutique contemporaine : rue Cambon, elle propose son parfum, mais aussi des accessoires et des bijoux pour accompagner ses vêtements et ses chapeaux.

Dans l'entre-deux-guerres, elle continue de révolutionner le monde de la mode et lance beaucoup de tendances. En 1926, elle dessine la fameuse petite robe noire. C'est une robe élégante, courte et légère, avec des lignes simples. Elle fait particulièrement

4. le style garçonne : une nouvelle mode féminine qui suit les modèles masculins.

scandale à cause de sa couleur parce que le noir est alors réservé au deuil[5]. Le modèle devient rapidement un classique de la maison Chanel et de la mode féminine en général. La petite robe noire est l'une des pièces les plus connues de Coco Chanel.

En 1939, à l'annonce de la Seconde Guerre mondiale, elle ferme sa maison de couture et licencie ses 4000 ouvrières. Après la guerre, elle prend une pause et s'exile en Suisse pendant une dizaine d'années.

Ce n'est qu'en 1954, à l'âge de soixante et onze ans, qu'elle fait son grand retour et ouvre de nouveau sa Maison, rue Cambon. Elle revient avec un tailleur en tweed[6] de laine. Cet ensemble de deux pièces se compose d'une jupe droite et d'une veste courte assortie, décorée de boutons-bijoux. L'ensemble est pensé comme un costume, c'est-à-dire un uniforme pour la femme active des années 60. Ce tailleur chic et indémodable[7] est le symbole du style Chanel.

Parmi ses nouvelles créations, le sac 2.55. Ce numéro représente le mois et l'année de sa sortie. Gabrielle Chanel souhaite avoir les

---

5. le deuil : les signes extérieurs liés à la mort.
6. le tweed : un tissu originaire d'Écosse, jusqu'alors utilisé dans la mode masculine.
7. indémodable : se dit d'un habit qui reste toujours à la mode.

mains libres et crée donc ce sac rectangulaire matelassé[8], avec une chaîne métallique dorée pour le porter sur l'épaule. Très pratique, ce sac devient vite un accessoire clou de la Maison.

Pour compléter ses créations, elle imagine en 1957 le soulier bicolore, un modèle de chaussures élégant et confortable, portable du matin au soir. Ce sont des chaussures à talons beiges, avec un bout noir : le beige allonge la jambe et le bout noir raccourcit le pied. Avec ses chaussures de deux couleurs, Gabrielle Chanel révolutionne encore une fois les codes de la mode féminine et obtient un immense succès.

Gabrielle Chanel meurt le 10 janvier 1971. Sa collection posthume[9] est un triomphe. Sa mode à contre-courant, simple et confortable, devient iconique.

---

8. matelassé : se dit d'un tissu rempli de laine ou de coton.
9. posthume : sorti après la mort.

RÉFLEXION

1 **Choisis dans la liste les cinq qualités qui font de Gabrielle Chanel un leader.**

novatrice pessimiste aguerrie irréfléchie irréaliste
ambitieuse incohérente tenace créative influençable

Après la lecture • page 76
Valeurs et sentiments • page 94

Lilian Thuram

Contre le racisme

piste 08

Je suis devenu noir à neuf ans, en 1981, quand je suis arrivé de Guadeloupe en région parisienne. Ce sont mes copains de classe qui m'ont appelé comme ça. Moi, je n'ai jamais fait attention à ma couleur de peau ni à celle des autres d'ailleurs. Tout d'un coup, je ne suis plus Lilian et je deviens noir. Eux, ils deviennent blancs.

Je m'aperçois vite qu'être noir est vu de manière négative. Je remarque que certains camarades se sentent supérieurs à moi, qu'ils se trouvent plus intelligents. Je me demande bien pourquoi la couleur blanche est associée au bien et la couleur noire au mal. Cela me rend très triste. Je ne comprends pas pourquoi et ma mère ne m'explique pas, elle me dit seulement : « C'est comme ça mon chéri, les gens sont racistes, ça ne va pas changer ». Mais le racisme, c'est quoi ? Je suis encore trop jeune pour comprendre d'où viennent ces préjugés[1] sur ma couleur de peau, mais je sais au fond de moi que le racisme est une injustice.

Ma passion, c'est le foot. J'adore jouer au ballon. J'habite à côté de la forêt de Fontainebleau, c'est un super espace de jeu. Je joue

1. **un préjugé :** une opinion préconçue sur quelqu'un ou quelque chose.

dans le club des Portugais mais j'aimerais bien jouer dans un club plus grand, le Racing de Fontainebleau. Mes amis me disent que ce n'est pas pour moi, que c'est un club de riches et que les gens des immeubles de la cité comme moi sont mal vus. Des préjugés, encore et toujours. Je vais quand même dans ce club parce que c'est mon rêve. En fait, eux aussi ont des préjugés inverses sur le club des Portugais. Aucune logique, ce racisme !

Moi, je me fiche de[2] tous ces jugements négatifs. Après tout, ce n'est pas mon problème. Je continue à donner le meilleur de moi-même au foot, d'abord à Fontainebleau, puis dans un autre club à Melun.

J'ai de bonnes capacités, parait-il. Ça me fait du bien de savoir qu'on m'estime, ça m'aide à avoir confiance. Le foot, ça va me mener quelque part, j'en suis sûr !

À dix-sept ans, je signe mon premier contrat professionnel dans l'AS Monaco. La vie à Monaco, c'est le rêve. La mer, les belles voitures, j'ai l'impression d'être en vacances. Quand tu arrives des cités, c'est totalement fou un endroit comme ça. Je joue en défense et je découvre le très haut niveau. Un an plus tard, je dispute mon premier match de première division du championnat de France. Pendant six ans, je me donne à fond[3] dans ma carrière et je deviens un des meilleurs défenseurs français. Je suis même sélectionné en équipe de France. Là aussi, le racisme est très présent. À entendre les gens, il faudrait être blanc pour être légitime en équipe de France. On peut être français et de différentes couleurs, pourquoi est-ce si difficile à accepter ?

Moi, je continue ma route et je signe un contrat avec l'équipe de Parme en Italie. Je commence ainsi ma carrière internationale. Parallèlement, c'est l'apothéose[4] avec l'équipe de France : on devient

2. se ficher de : ne pas s'intéresser à.
3. se donner à fond : mettre toute sa volonté et ses compétences.
4. l'apothéose : le triomphe.

champions du monde en 1998. J'ai vingt-six ans et je suis un des meilleurs joueurs de foot. Beaucoup de clubs internationaux me font des propositions. Je choisis finalement d'aller jouer à la Juventus de Turin, une des plus prestigieuses équipes d'Europe. Quand je vois écrit le nom de Thuram sur le maillot noir et blanc, je n'arrive pas à y croire. Un club comme ça, c'est le rêve de tout joueur. Je suis un vrai guerrier sur le terrain, je suis considéré comme l'un des meilleurs défenseurs, je gagne deux championnats et une Ligue des champions avec l'équipe, et pourtant, le racisme continue de s'imposer à moi. Souvent, dans les stades, je suis sifflé, hué[5], dès que je touche le ballon. Malheureusement, le football européen discrimine encore les joueurs noirs.

Face à ce douloureux constat, je décide d'agir, de dénoncer les mauvais comportements et de m'engager contre le racisme. Je suis un footballeur, je suis un personnage très médiatique et je veux parler du racisme. Je veux questionner la société sur l'égalité entre les personnes.

5. huer : pousser des cris hostiles.

Le racisme est dans notre culture, et, de façon inconsciente, nous le reproduisons. Je pense que pour le combattre, il faut comprendre d'où il vient. D'après moi, cela passe par l'éducation : pour construire l'égalité, il faut s'éduquer. C'est ce pour quoi je me bats depuis que j'ai arrêté ma carrière. J'ai créé ma fondation « Éducation contre le racisme » et je vais dans les écoles pour expliquer aux enfants que le racisme n'est pas quelque chose de naturel, que l'on ne nait pas raciste mais que l'on nous conditionne pour le devenir. Je les invite à réfléchir et à comprendre que la simple couleur de peau ne détermine pas nos capacités. En tant qu'êtres humains, nous sommes tous capables du pire comme du meilleur.

RÉFLEXION

1 Relie chaque phrase du chapitre au thème correspondant.

1 ☐ Je suis devenu noir à neuf ans.
2 ☐ Je me demande bien pourquoi la couleur blanche est associée au bien et la couleur noire au mal.
3 ☐ Ma passion, c'est le foot.
4 ☐ J'ai de bonnes capacités, parait-il. Ça me fait du bien de savoir qu'on m'estime, ça m'aide à avoir confiance.
5 ☐ Moi, je continue ma route et je signe un contrat avec l'équipe de Parme en Italie.
6 ☐ Je suis un footballeur, je suis un personnage très médiatique et je veux parler du racisme.

a Prendre conscience de ses propres qualités et compétences.
b S'affirmer, faire des choix.
c Se rendre compte de comment les autres nous perçoivent.
d Reconnaitre ses centres d'intérêts.
e Assumer la responsabilité de ses actes.
f Réfléchir sur ce qui constitue son identité.

Après la lecture • page 78
Valeurs et sentiments • page 94

Marjane Satrapi

La douleur de l'exil

> *Pas de larmes.*
> *Pense à ton futur.*

Aéroport de Téhéran, novembre 1984

piste 09

L'Iran est en guerre contre l'Irak depuis quatre longues années. C'est terrible, on compte des milliers de morts. L'aéroport est plein, beaucoup partent, surtout des jeunes comme moi, parce que l'armée iranienne mobilise dès treize ans. Mes parents promettent de venir me voir à Vienne mais je sais qu'ils mentent. Mon père pleure mais ma mère ne laisse rien paraitre : « Tout va bien se passer. L'Europe s'ouvre à toi ! ». Je m'avance vers le douanier[1] pour lui faire contrôler ma valise. Je fais signe à mes parents de partir et je continue d'avancer. Je me force à ne pas me retourner et puis non, je me retourne une dernière fois et je vois ma mère toute pâle, prête à perdre connaissance. Les adieux sont toujours pénibles.

1984-1988 : une Iranienne en Autriche

C'est Zozo, une amie de ma mère, qui vient me chercher à l'aéroport et m'accueille chez elle. Ici, je vais enfin pouvoir aller

1. **un douanier :** une personne chargée de la surveillance des marchandises qui entrent dans un pays ou en sortent.

à l'école sans voile ! Dix jours plus tard, Zozo m'annonce qu'elle ne peut plus m'héberger et qu'elle m'envoie dans une pension de bonnes sœurs[2]. Je ne connais personne, je ne parle pas allemand, j'ai quatorze ans et je vais devoir m'occuper de mes courses, me faire à manger, laver mon linge. Je partage ma chambre avec Lucia mais on ne se comprend pas beaucoup. C'est elle qui m'apprend mes premiers mots d'allemand. J'arrive au Lycée français de Vienne en milieu de trimestre et j'ai du mal[3] à me faire des amis. Cela fait trois ans que je ne parle pas français (le gouvernement islamique a fermé les écoles bilingues) et mes erreurs font rire mes camarades. Petit à petit, certains élèves (des marginaux[4]) s'intéressent à moi parce que je viens d'un pays en guerre. Mais pendant les vacances, la pension est déserte et mes camarades du lycée reviennent tous dans leur famille. Je suis souvent seule et je lis beaucoup pour m'instruire et passer le temps. Mais la lecture ne suffit pas pour s'intégrer, je l'ai appris bien vite. J'ai été renvoyée du pensionnat pour avoir mal répondu à la mère supérieure. J'ai fait ma valise, j'ai salué Lucia pour toujours et je suis allée habiter chez Julie, une fille du lycée. Julie a vraiment un mode de vie surprenant (je viens d'un pays traditionaliste[5]) : elle fréquente des garçons, elle fume, elle se maquille et elle fait la fête. Avec elle, je fais mes premiers pas dans l'assimilation de la culture occidentale. Mon ouverture mentale s'accompagne d'une transformation physique inquiétante. Je grandis de dix-huit centimètres, je grossis, j'ai de la poitrine, des fesses, et un énorme grain de beauté sur le nez. Pour couronner le tout, je me coupe les cheveux (moi-même), je mets de l'eye-liner

2. **les bonnes sœurs :** les religieuses.
3. **avoir du mal :** avoir des difficultés.
4. **les marginaux :** les personnes qui ne sont pas acceptées par la société, pour des raisons politiques, culturelles ou religieuses.
5. **un pays traditionaliste :** les pays traditionalistes imposent des restrictions culturelles qui sont encore plus strictes pour les femmes.

et j'essaye de me donner un genre punk[6] pour ressembler à mes amis. Je fume aussi, même si je n'aime pas ça. Je suis très loin de ma culture… Je pense à mes parents sous les bombes pendant que j'essaye d'effacer tout ce qui fait de moi une Iranienne. Ils me manquent tellement !

Voilà maintenant deux ans que je suis en Autriche. J'ai abandonné mon look punk et j'habite dans la maison d'une vieille dame. Tous mes amis du lycée ont changé de ville, je suis seule à l'école. Je fréquente des amis anarchistes[7] le week-end : je préfère m'ennuyer avec eux que rester toute seule. Après de grosses déceptions amoureuses, j'ai finalement un petit ami qui s'intéresse à moi ! Il s'appelle Markus. Je passe beaucoup de temps avec lui, on parle, on s'amuse, on fume. Ma dernière année de lycée est vraiment difficile mais j'arrive quand même à avoir mon bac. Ensuite, je m'inscris

6. **un genre punk :** un style anticonformiste en référence au mouvement social et musical britannique des années 70.
7. **les anarchistes :** des personnes qui ne reconnaissent aucun parti politique et n'obéissent à aucune règle.

à la fac de technologie (mais je n'y vais pas) tandis que Markus commence des études de théâtre. Nous sommes ensemble depuis presque deux ans et c'est la seule personne qui me comprend. Ni amis ni famille, je n'ai que lui. Voilà pourquoi mon monde s'écroule[8] quand je découvre qu'il me trompe avec une autre fille. De rage, je prends mon sac et je m'enfuis. Je passe ma première nuit dehors puis je vis trois mois dans la rue, comme une clocharde. J'en ai assez et je décide de rentrer chez moi en Iran, prête (ou pas) à affronter la honte de ne pas être devenue quelqu'un.

Aéroport de Téhéran, fin 1988

« Remets bien ton voile ma sœur ! »

Je comprends vite l'air répressif qui souffle sur mon pays mais je suis contente d'être là, dans les bras de mes parents. Après huit années de guerre, Téhéran est misérable. Je dois régresser pour vivre à nouveau ici. Me voilà désormais une Européenne en Iran. Mais vivre sous un régime aussi opprimant est une dépression sans fin. La religion, la morale, les contrôles, les interdits… je n'ai pas d'air !

8. s'écrouler : se détruire.

Je fais des études supérieures, je me marie, je divorce aussitôt, je trouve un travail et puis je me rends finalement à l'évidence : je veux partir. J'ai vingt-quatre ans et je n'ai qu'une vie. Cette fois, c'est moi qui choisis mon départ et qui demande un visa pour la France.

1994 : la France, ma terre d'accueil

Je passe le concours d'entrée des Arts-Déco de Strasbourg, une grande école d'art et de design, et je suis reçue, à ma plus grande joie. Trois ans plus tard, je m'installe à Paris et je me lance dans la bande dessinée. En 2000, je décide de parler de ma vie, de ma famille et de mon pays. Le résultat est ma première BD, *Persepolis*, qui devient le best-seller de ma maison d'édition. Vu le succès, je continue à raconter mon histoire dans trois autres volumes. En 2007, j'adapte même ma BD en film d'animation. C'est un triomphe au festival de Cannes et je reçois le prix du jury (quel honneur !). Depuis, ma vie, c'est la bande dessinée et les films. Je suis bédéiste et cinéaste, tout en liberté, mais loin de l'Iran.

RÉFLEXION

1 La vie de Marjane est faite de hauts et de bas, mais à chaque fois, elle surmonte les épreuves et continue son chemin. Comment s'appelle cette qualité ? Choisis la bonne réponse.

a ☐ La fragilité.
b ☐ La confiance.
c ☐ La résilience.

Après la lecture • page 80
Valeurs et sentiments • page 94

L'éducation est un instrument essentiel et efficace pour l'émancipation des jeunes filles et des femmes.

La place des femmes dans la société française

La situation entre la fin du XIXe siècle et le début du XXe siècle

À cette époque, la place des femmes dans la société française est encore très marquée par une vision sexiste[1] et archaïque[2]. La femme est vue comme une épouse et une mère de famille, naturellement inférieure à l'homme. Les femmes n'ont pas les mêmes droits que les hommes, et le Code civil de 1804, qui place les femmes sous la tutelle[3] de leur père ou de leur mari, est encore en vigueur. Ainsi, les femmes sont interdites d'accès dans les lycées et les universités, elles ne peuvent pas signer un contrat, ni s'occuper des biens, ni travailler ou voyager sans l'autorisation de leur mari.

1. **sexiste :** relatif au sexisme, l'attitude de discrimination basée sur le sexe d'une personne.
2. **archaïque :** vieille, non actuelle.
3. **la tutelle :** l'autorité accordée par la loi à un tuteur pour prendre soin d'une personne « incapable » et administrer ses biens.

L'émancipation et les nouveaux droits

L'émancipation des femmes passe d'abord par l'accès à la scolarisation. En 1880, les filles accèdent à l'enseignement secondaire. Les études leur permettent d'avoir de nouveaux métiers, liés à l'industrialisation et à l'urbanisation, mais leur salaire est inférieur à celui des hommes. De plus en plus de femmes se mobilisent alors pour améliorer leur condition et avoir un rôle plus important dans la société. Le féminisme[4] est en marche. Le grand succès de ce premier mouvement féministe est le droit de vote et d'éligibilité[5], obtenu en 1944.

Vers l'égalité des droits et la libéralisation des mœurs[6]

Les progrès en matière d'égalité sont très lents mais les actions militantes font bouger les choses. Une deuxième vague féministe

4. **le féminisme :** le mouvement social qui a pour objet l'émancipation de la femme, l'extension de ses droits pour égaliser son statut avec celui de l'homme.
5. **l'éligibilité :** l'aptitude à être élu.
6. **les mœurs :** l'ensemble de traditions et de valeurs.

▸ Une manifestation pour le droit de vote des femmes françaises vers 1935.

traverse la France dans les années 60 et 70 et plusieurs lois améliorent la vie des femmes. En 1965, elles peuvent ouvrir un compte bancaire sans l'autorisation de leur mari. En 1971, l'autorité parentale sur l'enfant est partagée, il n'y a plus d'autorité paternelle : la mère aussi peut inscrire son enfant à l'école, à une activité sportive, autoriser une intervention chirurgicale, demander des papiers d'identité, etc. Mais surtout les femmes entrent massivement[7] dans le monde du travail. Les revendications féministes sont aussi culturelles, liées aux mœurs. Par exemple, le fait de vivre en concubinage[8] n'est plus un signe de « mauvaise vie », de même, les femmes peuvent vivre librement leur sexualité et disposer de leur corps.

Encore des inégalités

De nos jours, les femmes ont bien sûr gagné en autonomie mais il y a toujours des inégalités. Les postes à responsabilité, aussi bien

7. massivement : en quantité très importante.
8. le concubinage : l'état d'un couple qui vit ensemble mais qui n'est pas marié.

Aujourd'hui encore, même si elles ont une activité professionnelle, les femmes s'occupent davantage de la maison et des enfants que les hommes.

dans les entreprises que dans la vie publique, sont globalement réservés aux hommes. Les inégalités salariales continuent aussi. Dans la sphère privée, le partage des tâches domestiques progresse peu, tout comme la prise en charge des enfants. Enfin, la violence envers les femmes est un réel problème de société qui prouve que les mentalités doivent encore beaucoup évoluer.

1 Réponds aux questions suivantes.

1. Quel est le rôle de la femme en France entre la fin du XIXe siècle et le début du XXe siècle ? ....

....

2. Quelle est l'étape-clé de l'émancipation des femmes ?
   - a ☐ L'urbanisation.
   - b ☐ L'accès aux études.
   - c ☐ Le mariage.
3. En quelle année les femmes ont-elles obtenu le droit de vote en France ?

....

....

4. Qu'est-ce qui permet aux femmes françaises d'obtenir plus de droits ?
   - a ☐ La grève.
   - b ☐ La soumission.
   - c ☐ Les actions militantes.
5. Est-ce que les hommes et les femmes ont des salaires équivalents ?

....

....

6. Qui s'occupe le plus des tâches domestiques en France aujourd'hui ?
   - a ☐ Les tâches domestiques sont partagées de façon équitable entre hommes et femmes.
   - b ☐ Ce sont les hommes qui s'occupent le plus des tâches domestiques.
   - c ☐ Ce sont les femmes qui s'occupent le plus des tâches domestiques.

▸ Voyager et se rendre ailleurs.

De différentes formes de voyage

Le voyage est porteur de valeurs positives et de belles émotions. Voyager est d'abord l'occasion d'apprendre de nouvelles choses. C'est une façon de s'ouvrir au monde et aux autres cultures. La découverte de nouveaux horizons porte à une meilleure connaissance de soi-même et surtout à une plus grande confiance en soi. Voyager, c'est aussi faire de belles rencontres et s'enrichir au contact de l'autre. Enfin, voyager est une façon extraordinaire de se faire des souvenirs pour la vie. Voici un panorama de diverses formes de voyage.

L'éloignement

Le voyage est d'abord un éloignement de son cadre de vie habituel. On quitte ses origines, on déménage, on part à la recherche d'une nouvelle identité, d'une nouvelle opportunité et on renonce à une part de soi. Pensons par exemple à Marie Curie qui a quitté sa Pologne natale, à Marjane Satrapi qui s'est exilée en Autriche puis en France ou encore à Lilian Thuram qui est parti de Guadeloupe avec sa famille pour venir vivre à Paris.

L'exploration

La dimension la plus fascinante du voyage est sûrement l'exploration. C'est une des formes les plus anciennes du voyage. Depuis toujours, la curiosité pousse vers les autres mondes. L'exploration peut être culturelle, comme Alexandra David-Néel qui s'est aventurée au Tibet pour mieux comprendre ses habitants et leur culture. Mais l'exploration peut aussi être scientifique, comme Jacques-Yves Cousteau qui a découvert les mystères de la mer et du monde sous-marin.

Les vacances

Les voyages de villégiature sont une excellente façon de sortir de la routine, de se ressourcer[1]. Mer, montagne, campagne… les vacances offrent à la fois du dépaysement[2] et du repos. Les destinations de villégiature suivent les époques et les modes : par exemple, l'aristocratie française de la Belle Époque fréquente Deauville, où Gabrielle Chanel ouvre une boutique.

Le voyage professionnel

Le travail est aussi un moteur du voyage. L'élargissement[3] des possibilités dans une autre ville ou à l'étranger se vérifie souvent. Cela a été le cas pour les affaires d'Henri Dunant en Algérie mais aussi pour son développement personnel en Italie. Il en a été de

1. **se ressourcer :** trouver de nouvelles forces.
2. **le dépaysement :** le changement d'environnement.
3. **l'élargissement :** l'action de rendre plus ample.

▸ Voyager pour explorer, pour découvrir et surtout mieux se connaitre.

▶ Voyager dans d'autres mondes, lointains ou imaginaires.

même pour Lilian Thuram qui s'est d'abord déplacé à Monaco puis qui a internationalisé sa carrière quand il a joué en Italie.

Le voyage fantastique

Enfin, le voyage peut très bien prendre une forme fantastique, c'est-à-dire qu'il peut être rêvé ou imaginé. *Le voyage dans la Lune* de Georges Méliès en est le parfait exemple… qui deviendra réalité quelques décennies plus tard[4] !

4. Le 21 juillet 1969, l'astronaute américain Neil Armstrong est le premier homme à poser le pied sur la Lune durant la mission Apollo 11.

1 Dis si les affirmations suivantes sont vraies (V) ou fausses (F). Ensuite, corrige les fausses.

	V	F
1. Les voyages sont des expériences négatives.	☐	☐
....		
2. Le fait de quitter sa patrie est une forme de voyage.	☐	☐
....		
3. La curiosité est à la base de l'exploration.	☐	☐
....		
4. La villégiature est une sorte de routine.	☐	☐
....		
5. Le travail et les voyages n'ont rien à voir entre eux.	☐	☐
....		
6. Les voyages fantastiques ne sont pas des voyages réels.	☐	☐
....		

Activités

Chapitre 1

APRÈS LA LECTURE

1 Compréhension • Réponds aux questions suivantes.

1. Quelle est la nationalité d'Henri Dunant ?

   ....

2. Quel est son métier ?

   ....

3. En quelle année fonde-t-il le Comité International de la Croix-Rouge ?

   ....

4. En quelle année reçoit-il le prix Nobel de la paix ?

   ....

2 Compréhension • Dis si les affirmations suivantes sont vraies (V) ou fausses (F). Ensuite, corrige les fausses.

	V	F
1. Henri Dunant arrive à Castiglione delle Stiviere pour rencontrer Napoléon III.	☐	☐
....		
2. C'est l'armée qui porte secours aux soldats blessés.	☐	☐
....		
3. Les soldats ennemis ne sont pas soignés.	☐	☐
....		
4. Le livre *Un souvenir de Solférino* d'Henri Dunant est un échec.	☐	☐
....		
5. L'action d'Henri Dunant et du Comité International de la Croix-Rouge mène à la signature de la première Convention de Genève.	☐	☐
....		
6. Aujourd'hui, la Croix-Rouge n'existe plus.	☐	☐
....		

3 Lexique • Complète les définitions avec les mots proposés.

colonie blessé pansement boue neutralité
camp accord réputation

1. La .... est l'état d'un groupe qui ne prend pas parti pendant une guerre.
2. Un .... est un arrangement entre personnes ou entités.
3. Un .... est un groupe de personnes soutenant la même cause contre un autre groupe soutenant une cause adverse.
4. Une .... est un territoire occupé par une nation en dehors de ses propres frontières.
5. La .... est la considération que l'opinion publique porte à quelqu'un.
6. Un .... est un linge qui permet de soigner une plaie.
7. Un .... est une personne qui a subi une lésion douloureuse.
8. La .... est un mélange de terre et d'eau sur le sol.

4 Production écrite • Comment le volontariat local s'organise-t-il à Castiglione delle Stiviere ? Réponds à la question dans un texte d'environ 60 à 80 mots.

5 Production orale • La Croix-Rouge est une organisation à but non lucratif qui aide les personnes en difficulté partout dans le monde. Que penses-tu des organisations humanitaires comme la Croix-Rouge ? Exprime ton point de vue personnel puis discutes-en en classe avec tes camarades.
Tu peux t'aider des questions ci-après.

- Connais-tu personnellement quelqu'un qui fait du bénévolat à la Croix-Rouge ou dans une autre association ? Que fait-il/elle ?
- À ton avis, quelles sont les qualités des personnes qui prêtent secours à la Croix-Rouge ?
- Connais-tu d'autres organisations humanitaires ?

Chapitre 2

APRÈS LA LECTURE

1 Compréhension • Remets les phrases dans l'ordre chronologique.

a ☐ Pendant la Grande Guerre, Marie soigne les blessés.
b ☐ Marie se marie avec le physicien Pierre Curie.
c ☐ Marie voyage beaucoup pour encourager la recherche scientifique et récolter des fonds.
d ☐ Marie meurt d'une leucémie en 1934.
e ☐ Marie et Pierre découvrent le radium et reçoivent le prix Nobel de physique en 1903.
f ☐ Marie passe sa jeunesse à Varsovie.
g ☐ Après la Première Guerre mondiale, Marie ouvre l'Institut du Radium à Paris.
h ☐ Marie continue ses recherches sur la radioactivité et obtient le prix Nobel de chimie en 1911.
i ☐ Pierre meurt accidentellement et Marie se retrouve veuve.
j ☐ Marie étudie les sciences physiques et les mathématiques à Paris.

2 Compréhension • Coche les affirmations correctes.

1. ☐ Marie déteste ses études à l'université de la Sorbonne.
2. ☐ Elle et Pierre sont les pionniers de la radioactivité.
3. ☐ Ses découvertes ne sont ni reconnues ni récompensées.
4. ☐ Elle est la première femme professeure d'université en France.
5. ☐ Elle opère les blessés sur le front pendant la Grande Guerre.
6. ☐ Après la Première Guerre mondiale, elle dirige un important laboratoire de recherche.
7. ☐ Le radium permet de traiter les maladies cancéreuses.
8. ☐ Vers la fin de sa vie, Marie se désintéresse de la science.

3 Compréhension • Réponds aux questions suivantes.

1. Comment Pierre et Marie Curie découvrent-ils le radium ?

   ....

2. Que fait Marie après la mort de Pierre ?

   ....

3. Comment se rend-elle utile pendant la Grande Guerre ?

   ....

4. Qu'est-ce que c'est l'Institut du Radium ?

   ....

5. Pourquoi Marie meurt-elle d'une leucémie ?

   ....

Le discours direct

Marie *dit :* « Nous vivons comme dans un rêve ».

Le discours direct rapporte directement les paroles de quelqu'un, telles qu'elles sont prononcées. Il rend le récit plus vivant.

À l'écrit, le discours direct se caractérise le plus souvent par les marques suivantes :

- des **guillemets** qui encadrent les paroles rapportées
  Elle dit à Pierre : « Les rayons uraniques m'intriguent ».
- des **tirets** avant chaque prise de parole
  – Enfin !
- un **verbe de parole** (*dire, répondre, affirmer, demander*...) placé avant ou après les paroles prononcées, ou intégré à la phrase grâce à une **proposition incise**
  *– Elle, **affirme-t-il**, a découvert le radium.*

À l'oral, ce sont l'intonation et les pauses qui remplacent les signes typographiques.
Voilà ce qu'elle m'a dit. J'ai découvert le radium.

4 Grammaire • Coche les phrases qui sont au discours direct.

1. ☐ Elle affirme : « Les sciences me passionnent. »
2. ☐ Elle et Pierre reçoivent le prix Nobel.
3. ☐ « Peut-on traiter les malades du cancer ? » demande-t-il.
4. ☐ – Je peux vous aider ? – Oui, faites une radiographie à ce blessé.

Chapitre 3

APRÈS LA LECTURE

1 Compréhension • Dis si les affirmations suivantes sont vraies (V) ou fausses (F). Ensuite, corrige les fausses.

	V	F
1. Georges Méliès est issu d'une très pauvre famille parisienne.	☐	☐
....		
2. Il fait ses débuts dans le monde du théâtre et de la prestidigitation.	☐	☐
....		
3. Il découvre le cinéma grâce aux frères Lumière.	☐	☐
....		
4. Il réalise peu de films.	☐	☐
....		

2 Compréhension • Choisis le verbe qui convient.

1. Georges Méliès *considère / refuse* le cinéma comme un art.
2. Pour remédier aux problèmes de la météo, il *s'adapte / renonce* et crée un studio de cinéma.
3. C'est lui le premier qui *a envie / a l'idée* d'écrire l'histoire de ses films.
4. Il *invente / explore* les premiers effets spéciaux de l'histoire du cinéma.

3 Lexique • Associe ces mots du chapitre à leur définition.

1. ☐ un court-métrage
2. ☐ un studio
3. ☐ la projection
4. ☐ la trame
5. ☐ un montage
6. ☐ un plan

a une sélection et un assemblage de différentes séquences visuelles
b une prise de vue, un fragment de film
c un film de moins de vingt minutes
d l'histoire racontée dans le film
e un local de tournage
f l'action de montrer un film sur un écran

Les présentatifs

Voilà le résumé du premier film de science-fiction de l'histoire du cinéma.

Les présentatifs sont des mots ou locutions qui permettent d'identifier, caractériser ou présenter une chose ou une personne.

- **C'est** + nom ou pronom singulier / **Ce sont** + nom ou pronom pluriel
  C'est *un film de science-fiction.*
  Ce sont *les habitants de la Lune.*
- **C'est / Il est**
  C'est *Georges Méliès.*
  Il est *créatif et novateur.*
- **Voici / Voilà**
  Voici *les débuts du cinéma.*
  Voilà *les premiers effets spéciaux de l'histoire du cinéma.*
- **Il y a** + nom singulier ou pluriel
  Il y a *un obus spatial dans l'atelier du professeur.*
  Il y a *des champignons géants dans le cratère lunaire.*

4 Grammaire • Complète les phrases avec *c'est*, *ce sont*, *il est*, *il y a*.

1. .... le professeur Barbenfouillis, ... expert en astronomie.
2. Dans son atelier, ... un obus spatial prêt à être envoyé sur la Lune.
3. .... un cratère lunaire, ... étrange et plein de champignons géants.
4. Les Sélénites ? .... les habitants de la Lune.
5. Tout à coup, ... une bagarre entre les Sélénites et les scientifiques.
6. .... des héros à leur retour sur la Terre.

5 Production écrite • Raconte l'histoire de ton film préféré dans un texte d'environ 60 à 80 mots.

6 Production orale • Aimes-tu les films de science-fiction ? Et les effets spéciaux ? Quel est ton genre cinématographique préféré ? Pourquoi ? Tu te rappelles des titres de films de ce genre ?

Chapitre 4

APRÈS LA LECTURE

1 Compréhension • Choisis la bonne réponse.

1. Pourquoi n'est-il pas facile d'aller au Tibet ?
   - a ☐ Parce que c'est un pays fermé et difficile d'accès.
   - b ☐ Parce que c'est un pays dont l'accès est réservé aux hommes.
   - c ☐ Parce que c'est un pays dont on ne sait rien.
2. Quelle est la ruse d'Alexandra et Yongden pour ne pas être reconnus ?
   - a ☐ Ils prient.
   - b ☐ Ils parlent tibétain.
   - c ☐ Ils se déguisent.
3. De quoi Alexandra et Yongden vivent-ils pendant leur voyage ?
   - a ☐ Ils vivent avec les offrandes des paysans tibétains.
   - b ☐ Ils volent dans les villages.
   - c ☐ Ils mangent les réserves de nourriture des pasteurs.
4. Que font Alexandra et Yongden une fois arrivés à Lhassa ?
   - a ☐ Ils boivent, mangent et se reposent.
   - b ☐ Ils se cachent dans le Potala.
   - c ☐ Ils visitent la ville et les grands monastères.

2 Lexique • Associe chaque mot à l'image correspondante.

a une voie ferrée	c un col	e une rivière
b un moine	d une vallée	f un monastère

1 ☐

2 ☐

3 ☐

4 ☐

5 ☐

6 ☐

Les adverbes d'intensité et de quantité *très, trop, beaucoup*

Elle parle *très* bien le tibétain.

Un adverbe est un mot invariable qui modifie le sens d'un verbe, d'un adjectif ou d'un autre adverbe.

- **Très** : il peut modifier un adjectif ou un adverbe.
  *Cette exploratrice est **très** courageuse.* *Alexandra se mimétise **très** bien.*
- **Trop** : il peut modifier un nom, un verbe, un adjectif ou un adverbe. Il a une valeur négative.
  *Le climat est **trop** hostile, elle va mourir de froid.*
- **Beaucoup** : il peut modifier un verbe.
  *Alexandra voyage **beaucoup**.*
- **Beaucoup de/d'** : il peut modifier un nom.
  *Le Tibet de l'époque présente **beaucoup de** dangers.*

3 Grammaire • Complète les phrases avec *très, trop, beaucoup, beaucoup de/d'*.

1. Alexandra est une femme .... courageuse.
2. Elle observe les paysans tibétains et elle apprend ....
3. Elle entre à Lhassa et prend .... risques.
4. Elle est .... âgée pour repartir au Tibet.

4 Production écrite • Imagine les titres des journaux français au retour d'Alexandra, suite à son exploit. Fais au moins trois propositions.

5 Production orale • Quels sentiments suscite en toi l'extraordinaire aventure d'Alexandra ? Tu peux t'aider des mots proposés.

admiration envie surprise curiosité enthousiasme inspiration émotion
fascination optimisme liberté réussite perplexité inquiétude

Chapitre 5

APRÈS LA LECTURE

1 Compréhension • Réponds aux questions suivantes.

1. Où est né Jacques-Yves Cousteau ?

   ....

2. En quoi est-il spécialiste ?

   ....

3. Comment s'appelle son célèbre bateau ?

   ....

4. Pendant combien d'années explore-t-il les fonds marins ?

   ....

5. Pourquoi est-il mondialement connu ?

   ....

6. Quel est son combat à partir des années 70 ?

   ....

2 Compréhension • Souligne l'option correcte.

1. Le commandant a fait *découvrir* / *adorer* les océans au monde entier.
2. Cousteau a *inventé* / *copié* de nombreux appareils pour l'exploration sous-marine.
3. Il a utilisé sa *connaissance* / *popularité* pour sensibiliser le public à l'écologie.
4. Son action a permis *de sauvegarder* / *d'exploiter* le continent Antarctique.

3 Lexique • Associie chaque mot à l'image correspondante.

- **a** soucoupe plongeante
- **b** lunettes de plongée sous-marine
- **c** caméra sous-marine
- **d** scaphandre autonome

Les pronoms compléments

Les pronoms COD (complément d'objet direct)

Il *le* modifie.

Le pronom COD remplace une personne, un objet ou une action. Il se place avant le verbe, sauf à l'impératif affirmatif.

Singulier : ***me / m', te / t', le / la / l'*** ; pluriel : ***nous, vous, les***

J'aime regarder les documentaires de Cousteau. → *J'aime **les** regarder.*
*Regarde-**les** !*

Les pronoms COI (complément d'objet indirect)

Un ami *lui* prête des lunettes de plongée sous-marine.

Le pronom COI remplace uniquement des êtres animés (personnes ou animaux). Il se place avant le verbe, sauf à l'impératif affirmatif.

Singulier : ***me / m', te / t', lui*** ; pluriel : ***nous, vous, leur***

Je demande à des scientifiques de m'aider. → *Je **leur** demande de m'aider.*
*Demande-**leur** !*

4 Grammaire • Réponds aux questions suivantes et utilise un pronom COD ou COI pour remplacer l'élément souligné.

1. – Il propose des plongées <u>à ses collaborateurs</u> ? – Oui, ...
2. – Vous nous faites voir <u>les fonds marins</u> ? – Oui, ...
3. – Il offre de belles images <u>à son public</u> ? – Oui, ...
4. – Vous regardez <u>le documentaire</u> ? – Oui, ...

5 Production écrite • L'organisation de protection de l'environnement Greenpeace demande des idées pour protéger la planète. Choisis un secteur (forêts, océans, agriculture, climat-énergie, etc.) et propose une idée pour participer à l'initiative. Fais une recherche sur Internet si nécessaire. Puis, écris un texte d'environ 60 à 80 mots.

6 Production orale • Aimes-tu le monde de la mer ? Si oui, qu'est-ce que tu aimes de cet environnement ? Sinon, quel environnment tu préfères ? Pourquoi ?

Chapitre 6

APRÈS LA LECTURE

1 Compréhension • Complète la biographie de Gabrielle Chanel avec les mots proposés.

couture classiques mode féminine style Paris

Pour échapper à la pauvreté et réussir, Gabrielle Chanel monte à (**1**) .... Elle ouvre ses premières boutiques et sa propre maison de (**2**) .... Son (**3**) .... moderne est très apprécié. Pendant toute sa carrière, elle crée une (**4**) .... à contre-courant, simple et confortable, dont certaines pièces deviennent des (**5**) .... Pionnière de la silhouette (**6**) .... moderne, elle a révolutionné la mode et la vision de la féminité.

2 Compréhension • Remets les créations de Gabrielle Chanel dans l'ordre chronologique.

- **a** ☐ Elle dessine la fameuse petite robe noire.
- **b** ☐ Elle commercialise son soulier bicolore, beige et noir.
- **c** ☐ Elle présente son sac 2.55, le plus célèbre accessoire de la maison.
- **d** ☐ Elle lance le très chic tailleur en tweed.
- **e** ☐ Elle lance le style garçonne des années 20.
- **f** ☐ Elle lance son parfum, le N° 5 de Chanel.

3 Lexique • Associe chaque mot à l'image correspondante.

- **a** une robe
- **b** une blouse
- **c** un pantalon
- **d** une ceinture
- **e** des sous-vêtements
- **f** un pyjama
- **g** des chaussures
- **h** un sac
- **i** une jupe

1 ☐

2 ☐

3 ☐

4 ☐

5 ☐

6 ☐

7 ☐

8 ☐

9 ☐

4 Lexique • Associe chaque numéro au mot correspondant.

a ☐ l'épaule
b ☐ la hanche
c ☐ la jambe
d ☐ la main
e ☐ le pied
f ☐ les cheveux

5 Production écrite • Gabrielle Chanel aime les vêtements simples, pratiques et confortables. Et toi, quels vêtements aimes-tu porter ? Décris ton look préféré dans un texte d'environ 60 à 80 mots. Si tu veux, tu peux aussi le dessiner.

6 Production orale • Malgré ses origines très modestes, Gabrielle Chanel est devenue une styliste de succès et a créé un empire de la mode. Que penses-tu de son parcours ? Est-il facile selon toi d'avoir du succès quand on vient d'un milieu très pauvre ? Pourquoi ? As-tu des exemples sur lesquels réfléchir ? Exprime ton point de vue personnel puis discutes-en en classe avec tes camarades.

Chapitre 7

APRÈS LA LECTURE

1 Compréhension • Complète la biographie de Lilian Thuram avec les mots proposés.

Turin Monaco football racisme neuf France fondation Guadeloupe

Lilian Thuram nait en 1972 en (**1**) .... puis déménage à Paris à l'âge de (**2**) .... ans. Doué pour le (**3**) ...., il joue dans plusieurs clubs locaux avant de commencer sa carrière professionnelle avec l'équipe de (**4**) .... Par la suite, il quitte la France et continue sa carrière en Italie. Il joue d'abord à Parme, puis à la Juventus de (**5**) .... Avec l'équipe de (**6**) ...., il est champion du monde en 1998. Personnage charismatique, il décide de mettre sa célébrité et son expérience personnelle au service de la lutte contre le (**7**) .... Pour cela, il crée en 2008 sa (**8**) .... « Éducation contre le racisme » et mène diverses actions sur le terrain, notamment auprès des enfants.

2 Compréhension • Réponds aux questions suivantes.

1. À quel âge Lilian Thuram est-il victime de racisme pour la première fois ?
   ....
2. Que ressent-il face au racisme dont il est victime ?
   ....
3. Quelle est la réaction de sa mère ?
   ....
4. Comment trouve-t-il la ville de Monaco, celle de son premier club professionnel ?
   ....
5. À quel poste joue-t-il ? Est-il fort ?
   ....
6. Quel problème de racisme existe-t-il en équipe de France de foot ?
   ....
7. Est-il content d'aller jouer à la Juventus de Turin ? Pourquoi ?
   ....
8. Quel est le but de sa fondation « Éducation contre le racisme » ?
   ....

3 Lexique • Relève dans le chapitre tout le lexique du football et écris-le.

....

....

....

....

....

....

4 Lexique • Retrouve dans le chapitre le contraire des mots ci-dessous.

1. positif ....
2. inférieur ....
3. bien ....
4. content ....
5. justice ....
6. petit ....
7. pauvre ....
8. pire ....
9. incapacité ....
10. dernier ....
11. bas ....
12. tôt ....
13. absent ....
14. facile ....
15. faux ....
16. inégalité ....

5 Production écrite • Personne ne se dit raciste, mais les préjugés et les discriminations sont bien là. Que penses-tu de ce problème ? As-tu déjà été victime ou témoin d'actes racistes ? Quelle a été ta réaction ? Réponds dans un texte d'environ 60 à 80 mots.

6 Production orale • La passion de Lilian Thuram est le football. Et toi, quelle est ta passion ? Parles-en à ta classe.

7 Production orale • Lilian Thuram est originaire de Guadeloupe, une ile française située dans les Antilles. Cette ile est un département et région d'outre-mer (DROM). Peux-tu citer les quatre autres DROM ? Tu peux t'aider d'Internet. Sais-tu quelles sont les particularités linguistiques et culturelles de ces territoires par rapport à la France ?

Chapitre 8

APRÈS LA LECTURE

1 Compréhension • Remets les phrases dans l'ordre chronologique.

a ☐ Marjane rentre en Iran.
b ☐ Elle habite chez une vieille dame.
c ☐ Marjane fréquente une grande école à Strasbourg.
d ☐ Elle vit dans une pension, elle partage sa chambre avec Lucia.
e ☐ Marjane dort dans la rue.
f ☐ Elle fait des études supérieures à Téhéran.
g ☐ Marjane habite chez Julie, une amie du lycée.
h ☐ Elle s'installe à Paris et commence sa carrière.
i ☐ Marjane entre au lycée français de Vienne.
j ☐ Marjane quitte Téhéran, elle va en Autriche.
k ☐ Elle quitte Téhéran, elle va en France.

2 Lexique • Choisis le synonyme des adjectifs soulignés.

1. Les adieux sont toujours pénibles.
   a ☐ simples **b** ☐ agréables **c** ☐ difficiles
2. Julie a vraiment un mode de vie surprenant.
   a ☐ étonnant **b** ☐ habituel **c** ☐ commun
3. Mon ouverture mentale s'accompagne d'une transformation physique inquiétante.
   a ☐ banale **b** ☐ réconfortante **c** ☐ préoccupante
4. J'ai abandonné mon look punk.
   a ☐ classique **b** ☐ anticonformiste **c** ☐ sportif
5. Je comprends vite l'air répressif qui souffle sur mon pays.
   a ☐ autoritaire **b** ☐ légitime **c** ☐ équitable
6. Mais vivre sous un régime aussi opprimant est une dépression sans fin.
   a ☐ libérateur **b** ☐ écrasant **c** ☐ triste

La négation

Cela fait trois ans que je *ne* parle *pas* français.
Je *ne* connais *personne*.

En français, la négation des verbes est exprimée par deux particules.

- **La négation avec *ne… pas***
  *– Tu parles allemand ? – Non, je **ne** parle **pas** allemand.*
- **La négation avec *ne… jamais / ne… rien / ne… plus / ne… personne***
  *Je **ne** vais **jamais** en vacances.*

3 Grammaire • Transforme les phrases à la forme négative.

1. Marjane se maquille. (*ne… pas*)
   ……………………………………………………………………………
2. Marjane se trouve changée. (*ne… pas*)
   ……………………………………………………………………………
3. Marjane cherche quelqu'un avec qui s'amuser. (*ne… personne*)
   ……………………………………………………………………………
4. Pendant les vacances, il y a encore des élèves au lycée. (*ne… plus*)
   ……………………………………………………………………………
5. Marjane voit toujours ses amis anarchistes le week-end. (*ne… jamais*)
   ……………………………………………………………………………
6. Marjane achète quelque chose pour Markus. (*ne… rien*)
   ……………………………………………………………………………

4 Production écrite • « Cette fois, c'est moi qui choisis mon départ et qui demande un visa pour la France. » Et toi, où aimerais-tu aller vivre et faire des études ? Pourquoi ? Réponds dans un texte d'environ 60 à 80 mots.

5 Production orale • Marjane Satrapi est bédéiste et cinéaste. As-tu des rêves créatifs pour ton futur ? Lesquels ? Comment penses-tu les réaliser ? Tu crois qu'une passion peut devenir aussi une profession ? Exprime ton point de vue personnel puis discutes-en en classe avec tes camarades.

ÉCOUTES EN PLUS

piste 10

1 Écoute les cinq annonces, puis associe chaque annonce à l'image correspondante.

1. annonce 1
2. annonce 2
3. annonce 3
4. annonce 4
5. annonce 5

a

b

c

d

e

piste 10

2 Écoute une deuxième fois ces cinq annonces, puis relie à chaque annonce le groupe de mots entendus.

1. ☐ annonce 1
2. ☐ annonce 2
3. ☐ annonce 3
4. ☐ annonce 4
5. ☐ annonce 5

a soleil, sud, températures
b voie, train, quai
c recherche, Victor Hugo, exposé
d cabine, commandant, équipage
e spectacle, places, téléphones

3 Écoute l'extrait de l'émission radiophonique puis coche la bonne réponse.

piste 11

1. Il s'agit d'un extrait de radio. Penses-tu que...
   - a ☐ ce sont des informations.
   - b ☐ c'est un débat.
   - c ☐ c'est une émission avec un invité.

2. Comment s'appelle l'émission ?
   - a ☐ *Toute une vie.*
   - b ☐ *Une trace durable et inspirante.*
   - c ☐ *Les bonnes influences.*

3. Quel est le thème du jour de l'émission ?
   - a ☐ Les jeunes dans le monde d'aujourd'hui.
   - b ☐ Les personnalités qui nous ont laissé une trace durable et inspirante.
   - c ☐ Les nouveaux besoins dans nos vies.

4. Quel est le métier de Paul Cantagrel ?
   - a ☐ Animateur.
   - b ☐ Sociologue.
   - c ☐ Influenceur.

5. Où travaille-t-il ?
   - a ☐ À l'université de la Sorbonne.
   - b ☐ À la radio.
   - c ☐ Dans les médias.

6. De quoi avons-nous tous besoin ?
   - a ☐ D'entrepreneurs du digital.
   - b ☐ Des jeunes comme des adultes.
   - c ☐ De modèles et de bonnes influences.

7. Les modèles à suivre aujourd'hui sont exactement les mêmes qu'hier.
   - a ☐ Vrai.
   - b ☐ Faux.

DELF A2 • Préparation

1 Compréhension de l'oral • Écoute et réponds aux questions.

piste 12

Message 1

1. Où est-ce que le docteur Martin reçoit ?
- **a** ☐ À son cabinet.
- **b** ☐ Au cabinet du docteur Ros.

2. Quels jours est-ce que le docteur Martin reçoit l'après-midi ? ....

3. À quel numéro peut-on joindre le docteur Martin ? ....

4. Quel jour est-ce que le docteur Ros reprend ses consultations ?
- **a** ☐ Le 20/05.
- **b** ☐ Le 13/05.
- **c** ☐ Le 21/05.

Message 2

1. Léna et Chloé sont coéquipières.
- **a** ☐ Oui.
- **b** ☐ Non.
- **c** ☐ On ne sait pas.

2. Quel jour est prévu leur match ?

....

3. Pourquoi Chloé demande-t-elle à Léna de passer la chercher ? (*Deux réponses*)
- **a** ....
- **b** ....

4. À quelle heure Léna doit-elle être chez Chloé ? ....

5. Est-ce que les deux copines ont l'habitude d'être ponctuelles ?
- **a** ☐ Oui.
- **b** ☐ Non.
- **c** ☐ On ne sait pas.

6. Quel jour ont lieu les entrainements ? ....

2 Compréhension des écrits • Lis le document, coche la bonne réponse et réponds aux questions.

Femme politique emblématique, Simone Veil nait à Nice en 1927 dans une famille juive. Déportée à Auschwitz-Birkenau à 16 ans, elle connait l'enfer des camps d'extermination. Libérée en 1945, elle et ses deux sœurs sont les seules survivantes de la famille. Après son retour en France, elle fait de brillantes études de droit et de sciences politiques, puis commence une carrière dans la magistrature. Successivement, elle entre dans la vie politique, d'abord comme ministre de la Santé, de 1974 à 1979, puis comme Présidente du Parlement européen, de 1979 à 1982. Elle poursuit ensuite son engagement actif dans la vie politique européenne jusqu'en 1993. Par la suite, elle est à nouveau nommée Ministre (1993-1995) puis entre au Conseil Constitutionnel[1] (1998-2007). Parallèlement, de 2001 à 2007, elle est présidente de la Fondation pour la mémoire de la Shoah. En 2008, elle est élue à l'Académie française[2]. Elle est l'une des personnalités préférées des Français. Le 30 juin 2017, elle décède à Paris à l'âge de 89 ans. Ses multiples combats sont salués par un hommage national et ses cendres sont transférées un an plus tard au Panthéon[3].

1. **le Conseil Constitutionnel :** un haut organisme français, composé de neuf membres, qui contrôle la constitutionnalité des lois et la régularité des élections nationales.
2. **l'Académie française :** une prestigieuse institution qui s'occupe de perfectionner les règles de la langue française.
3. **le Panthéon :** situé à Paris, ce monument national français est un lieu de mémoire où sont déposés les restes des grands personnages.

1. De quel type d'article s'agit-il ?
- **a** ☐ Une biographie.
- **b** ☐ Une interview.
- **c** ☐ Un dossier.

2. De quelle personnalité parle-t-on ? ....

3. Quel est son métier ?
- **a** ☐ Politicienne.
- **b** ☐ Avocate.
- **c** ☐ Administratrice.

4. C'est une survivante de la Shoah.

☐ Vrai. ☐ Faux.

Justification : ....

5. Quelles études a-t-elle faites ?

a ☐ Politique européenne.

b ☐ Droit et sciences politiques.

c ☐ Lettres françaises.

6. Combien de fois a-t-elle été Ministre ? ....

7. Elle ne s'est jamais engagée dans la vie politique européenne.

☐ Vrai. ☐ Faux.

Justification : ....

8. À sa mort en 2017, elle n'a eu droit à aucun hommage.

☐ Vrai. ☐ Faux.

Justification : ....

3 Production écrite • Rédige un petit texte d'environ 60 à 80 mots sur tes activités après la fin de l'année scolaire. Les images sont là pour t'aider mais tu peux penser à des activités personnelles.

4 Production orale • Entretien dirigé

Tu te présentes en parlant de ta famille, de tes goûts, de tes amis et de la ville où tu vis. Un camarade peut te poser des questions sur ce que tu dis.

5 Production orale • Monologue suivi

Voici deux sujets. Choisis-en un et prépare-toi à parler pendant deux minutes environ.

a. Tu parles de ton/ta meilleur(e) ami(e). Tu le/la décris, tu racontes ce que vous aimez faire ensemble et tu dis pourquoi tu tiens particulièrement à lui/elle.

b. Tu décris une journée typique et tu précises les moments que tu préfères et ceux que tu n'aimes pas.

6 Production orale • Exercice en interaction

Avec un groupe d'amis, tu veux organiser une fête pour collecter des fonds pour la Croix-Rouge. Vous allez à la mairie pour expliquer votre projet et pour vous renseigner sur les conditions de location d'une salle pour la fête. Simule un dialogue avec ton professeur et tes camarades.

SUR LE WEB

Radioactive

Paris, fin du XIXe siècle. Marie est une scientifique passionnée. Avec son mari Pierre Curie, ils mènent leurs recherches sur la radioactivité et finissent par découvrir deux nouveaux éléments : le radium et le polonium. Cette découverte majeure leur vaut le prix Nobel et une renommée internationale. Mais après un tragique accident, Marie doit continuer ses recherches seule et faire face aux conséquences de ses découvertes sur le monde moderne...

1 Surfe sur Internet pour en savoir plus sur ce film, puis réponds aux questions suivantes.

1. Quelle est l'actrice qui joue le rôle de Marie Curie ?

   ....

2. De quel livre le film est-il l'adaptation ?

   ....

3. Quel est le genre du film ?

   ....

4. Qui a réalisé le film ?

   ....

5. Quand le film est-il sorti ?

   ....

6. Quels autres films cette cinéaste a-t-elle réalisés ?

   ....

La maison d'Alexandra David-Néel

La maison d'Alexandra David-Néel est située à Digne-les-Bains, en Haute-Provence. Elle a vécu dans cette demeure pendant plus de quarante ans. C'est un lieu de méditation, de travail mais surtout d'écriture. Des visites guidées permettent d'explorer ce musée et de revivre les grands voyages en Asie de l'exploratrice.

1 Surfe sur Internet pour découvrir plus d'informations sur cette maison-musée. Dis si les affirmations suivantes sont vraies (V) ou fausses (F). Ensuite, corrige les fausses.

	V	F
1. Sa maison s'appelle *Samten Dzong*.	☐	☐
....		
2. La visite de sa maison est libre.	☐	☐
....		
3. Les visites de sa maison sont limitées à 10 personnes.	☐	☐
....		
4. Il faut réserver la visite par mail.	☐	☐
....		
5. Sa maison se visite du 1er avril au 30 novembre.	☐	☐
....		
6. Il y a huit horaires de visite.	☐	☐
....		

TEST FINAL

1 Sommaire en images • Écris sous chaque image le nom du personnage correspondant.

a

b

c

d

e

f

g

h

2 Teste ta mémoire ! • Indique le personnage qui parle et explique où il se trouve.

	Personnage	Situation
1 « Nous voilà sur la Terre des Dieux ! »		
2 « Le continent Antarctique est une réserve consacrée à la paix et à la science. »		
3 « Voici mon tailleur en tweed. »		
4 « Les hommes sont tous frères. »		
5 « J'ai vingt-six ans et je suis un des meilleurs joueurs de foot. »		
6 « J'ai vingt-quatre ans et je n'ai qu'une vie. »		
7 « Nous vivons comme dans un rêve. »		
8 « Je suis enthousiasmé par cette nouvelle technique. »		

3 Teste ta mémoire ! • Coche les affirmations correctes.

1. ☐ Henri Dunant a défendu l'idée de neutralité des secours sanitaires.
2. ☐ Marie Curie est une brillante scientifique.
3. ☐ Georges Méliès est l'inventeur du cinéma.
4. ☐ Alexandra David-Néel est la première femme occidentale à entrer dans Lhassa.
5. ☐ Jacques-Yves Cousteau est un célèbre océanographe et explorateur des fonds marins.
6. ☐ Gabrielle Chanel a copié tous les modèles d'un autre couturier.
7. ☐ Lilian Thuram n'a jamais souffert du racisme.
8. ☐ Marjane Satrapi a eu une adolescence facile.

4 Teste ta mémoire ! • Réponds aux questions suivantes.

1. Comment Henri Dunant a-t-il eu l'idée du principe de neutralité des secours ?

   ....

2. Pour quelle raison Marie Curie a-t-elle eu deux prix Nobel ?

   ....

3. Quelles sont les qualités professionnelles de Georges Méliès ?

   ....

4. Pourquoi l'exploit d'Alexandra David-Néel est-il extraordinaire ?

   ....

5. Qu'est-ce qui pousse le commandant Cousteau à faire son métier ?

   ....

6. Qu'est-ce qui fait l'originalité des modèles de Gabrielle Chanel ?

   ....

7. Pourquoi Lilian Thuram a mis sa célébrité au service de l'éducation contre le racisme ?

   ....

8. L'expérience de son premier exil est-elle positive pour Marjane Satrapi ?

   ....

5 Lexique • Complète les mots croisés à l'aide des définitions.

1. Élément radioactif découvert par Marie Curie.
2. Monde qui passionne le commandant Cousteau.
3. Nom du compagnon de voyage d'Alexandra David-Néel.
4. Genre cinématographique du film *Le voyage dans la Lune* de Georges Méliès.
5. Nationalité d'Henri Dunant.
6. Métier de Lilian Thuram.
7. Nom de la rue où se trouve la Maison de Gabrielle Chanel.
8. Pays d'origine de Marjane Satrapi.

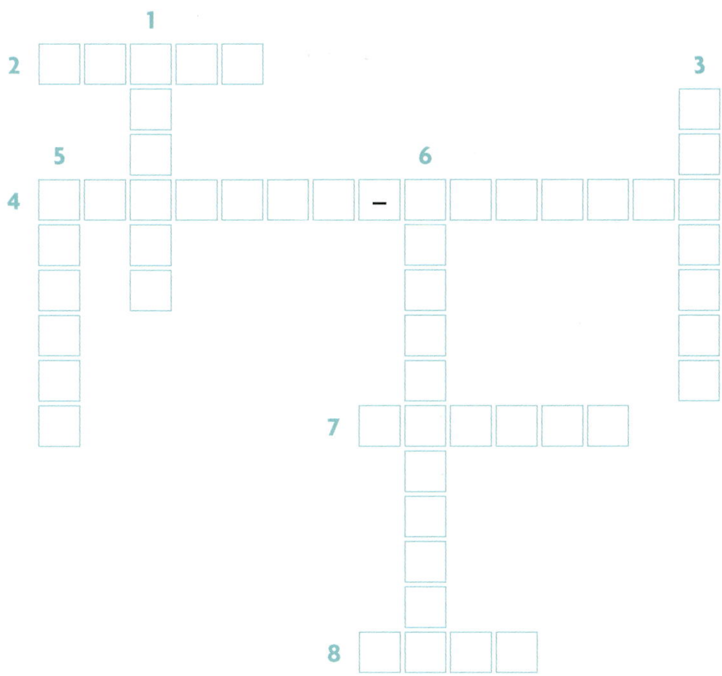

PERSONNAGES

1 Choisis la paire de mots qui convient le mieux à chaque personnage.

Henri Dunant	*imagination • ingéniosité*
Marie Curie	*sensibilité • compassion*
Georges Méliès	*passion • détermination*
Alexandra David-Néel	*engagement • conviction*
Jacques-Yves Cousteau	*force • humour*
Gabrielle Chanel	*passion • fascination*
Lilian Thuram	*créativité • excellence*
Marjane Satrapi	*courage • aventure*

RÉFLEXION

2 Réponds aux questions suivantes. Tu peux t'aider des mots de l'exercice précédent.

Henri Dunant : Sur quelle valeur se base le principe de neutralité des secours ?
....

Marie Curie : Quel est son sentiment à la mort de Pierre ? ....

Georges Méliès : Quel est son sentiment quand il découvre le cinéma ?
....

Alexandra David-Néel : Peut-on parler de persévérance de sa part ? ....
....

Jacques-Yves Cousteau : Quel est le sentiment qu'il veut provoquer chez son public ? ....

Gabrielle Chanel : Est-elle une créatrice de mode libre ? ....

Lilian Thuram : Pourquoi ressent-il de l'injustice face au racisme dont il est victime ? ....

Marjane Satrapi : Est-elle sûre de vouloir s'exiler en France ? ....

L'HISTOIRE

3 **Lis les mots relatifs aux sentiments et aux valeurs présents dans la bulle. Classe-les en positifs, négatifs ou parfois positifs et parfois négatifs. Ensuite, compare tes réponses avec celles de tes camarades et discute avec eux des différences.**

découragement fierté exploration
liberté ambition curiosité
spontanéité amertume satisfaction
espérance confiance responsabilité
inquiétude dégoût conviction
nostalgie originalité révolte

POSITIF	NÉGATIF	POSITIF/NÉGATIF
....	....	....
....	....	....
....	....	....
....	....	....

À TOI !

4 **Quels sont les sentiments et les valeurs qui comptent le plus pour toi ? Remplis la bulle ci-contre avec les mots de ces deux pages. Écris-les selon l'ordre d'importance que tu leur accordes. Ensuite, compare ta bulle avec celle de tes camarades.**

Les structures grammaticales employées dans les lectures graduées sont adaptées à chaque niveau de difficulté. Tu peux trouver sur notre site Internet, blackcat-cideb.com, la liste complète des structures utilisées dans la collection.
L'objectif est de permettre au lecteur une approche progressive de la langue étrangère, un maniement plus sûr du lexique et des structures grâce à une lecture guidée et à des exercices qui reprennent les points de grammaire essentiels.
Cette collection de lectures se base sur des standards lexicaux et grammaticaux reconnus au niveau international.

Niveau Deux A2

Adjectifs indéfinis, ordinaux
Adverbes de fréquence, de lieu
Comparatif
Complément du nom
Conditionnel de politesse
Futur proche
Il faut + infinitif
Impératif négatif
Indicatif : passé composé, imparfait, futur
Négation complexe
Participe passé
Passé récent
Prépositions de lieu, de temps
Présent progressif
Pronoms « on », personnels compléments, interrogatifs composés, relatifs simples
Réponses : *oui, si, non, moi aussi, moi non plus*
Verbes
Y / En

Niveau Deux

Si tu as aimé cette lecture, tu peux essayer aussi...

- *Jeanne d'Arc*, de Lucia Bonato
- *Le Roi Arthur et les chevaliers de la Table ronde*, de Claude Louvet
- *Un sac de billes*, de Joseph Joffo **(Compétences de la vie)**

Niveau Trois

...ou tu peux choisir un titre du niveau suivant !

- *Marie Curie : une vie pour les sciences*, d'Amandine Barthés
- *Le comte de Monte-Cristo*, d'Alexandre Dumas
- *Le tour du monde en 80 jours*, de Jules Verne **(Compétences de la vie)**